Meiner Frau

Inhalt

Vorwort

Der folgende Bericht basiert auf einem Beitrag, der unter dem gleichnamigen Titel im »Magazin der Süddeutschen Zeitung« erschien. Er behandelt meine Rückkehr zur Religion, und die Reaktion von Lesern und Freunden hat mich ermutigt, dieses Bekenntnis ein wenig auszuführen. Das ist eigentlich alles.

Auch wenn Gottes Werk nicht nur jede Zeitlichkeit, sondern bekanntlich auch unser Fassungsvermögen übersteigt – es ist eine spannende Geschichte, nicht mehr so zu leben, als ob Gott gar nicht existierte. Jeden Tag geschieht etwas Neues. Um von den Dingen des Glaubens jedoch ein wenig mehr zu erfahren als das Gewöhnliche, ist die Bekanntschaft mit Jesus von Nazareth unerlässlich. Auch davon handelt dieses Buch.

München, am 15. August 2002 *Peter Seewald*

1

Einsame Leute

Es war Frühling geworden, und wir hatten beschlossen, unsere Ferien in Griechenland zu verbringen; auf einer kleinen Insel, die gut riecht, mit roten Mohnblumen und kargen, trockenen Landschaften, wo man einige Tage glücklich sein würde. Ich wollte in Ruhe arbeiten, ein wenig baden und Anisschnaps trinken. Und die Kinder und meine Frau, die sich sehr darauf freute, könnten Ausflüge machen und sich in der Sonne erholen.

Von meinem Arbeitsplatz aus hat man einen wundervollen Blick über das Meer. Eine Steintreppe führt hinunter in eine kleine, halbmondförmige Bucht. Der Strand ist nicht besonders gepflegt, aber das Wasser ist glasklar und blau und türkis. Auf dem Meer glänzen die Wellen wie Lametta am Christbaum, und die ganze Landschaft liegt in einem sehr gleichmäßigen Licht ohne allzu viele Schatten.

Ich mag diese melancholische, getragene Stimmung. Manchmal sieht man in der Ferne kleine Fischerboote oder Segelboote mit krebsroten Engländern, und auf einem Trampelpfad hinter unserem Haus ziehen Gruppen von gut gelaunten Wanderern vorbei. Es ist alles so gekommen, wie wir es uns gewünscht hatten. Nur dass ich jetzt, während ich diese Zeilen schreibe, unter einem Sonnenschirm sitze, der mich nicht vor der Sonne, sondern vor dem Regen schützt.

Auf der Insel kann man lange Zeit mit einem Roller fahren, ohne irgend jemandem zu begegnen, außer vielleicht einer Herde von Ziegen oder ein paar alten Männern, die mit knorrigen Stöcken unterwegs sind und anscheinend sehr viel Zeit haben. Unser Ferienhaus ist gut und komfortabel. Für das, was wir auf dem Bankkonto haben, ist es sogar eindeutig *zu* komfortabel. Als wir ankamen, empfingen uns allerdings acht griechische Bauarbeiter, die nebenan das Erdgeschoss für ein neues Haus hochzogen. Und wie soll man jemandem, der in der Sonne Steine aufschichtet und wenig Geld verdient, erklären, dass man sein Hämmern und Pfeifen nicht ganz so fröhlich findet, wie es vielleicht gemeint ist?

Manchmal ist es besser, nichts mehr zu ändern, nichts mehr zu wollen, einfach still zu sitzen, und sich zu begnügen mit dem, was ist, und mit dem, was einem zugedacht ist. Charlie Brown hatte einmal gesagt: »Heute habe ich hundert Entscheidungen getroffen – alle falsch.« Und als wir es aufgegeben hatten, etwas anderes zu wollen, und einfach zusahen, wie die Tage vergingen, wurde es sehr ruhig und sogar gemütlich, und wir hörten die Wellen schlagen und tranken Wein und Anis, und die Jungs erzählten am Abend von dem, was sie noch machen wollten in ihrem Leben und wie es richtig ginge, und dass wir Älteren eigentlich in dieser Zeit kaum noch begriffen, was wirklich interessant und wichtig sei. In der Ferne zog das flackernde Licht eines Fischerbootes vorbei, und wenn wir hinüber auf die Nachbarinsel schauten, die nicht besiedelt ist, wirkte im Mondlicht der Rücken des Berges wie das Fell eines riesigen Braunbären, der sich zum Schlafen einfach ins Meer gelegt hatte.

Man kann überall schreiben, und dennoch gibt es Orte, an denen es besser oder schlechter geht als an anderen. Oder man bildet sich zumindest ein, nicht jede Geschichte an jedem Ort gleich gut schreiben zu können. Die ganze Zeit suchte ich nach einem ersten Satz für den Anfang, und ich hatte ihn am Abend vor dem Einschlafen schon gefunden, aber am Morgen war er wieder weg. Seither warte ich auf eine Inspiration, auf einen Zustand, in dem eine Geschichte sich wie von selbst schreibt und man für eine gewisse Zeit selbst zu dieser Geschichte wird und Dinge sagen kann, die man sonst einfach nicht sagen könnte. Die Zeit wird allmählich knapp. Der Lektor drängt, aber immer kam etwas dazwischen. Fußballspiele, Familienangelegenheiten, Müdigkeit, lauter Dinge, die das Arbeiten unmöglich machen. Manchmal lebt man wie ein Hund. Aber es war ein Traum, über Jesus Christus zu schreiben. Was sollte spannender sein, als dem Geheimnis eines Mannes nachzugehen, der die Welt verändert hat wie niemand sonst.

Das Eigentliche dieser Geschichte, überlegte ich, müsste in ihrer metaphysischen Seite liegen. »Es gibt kein anderes Mysterium Gottes außer Christus«, hatte Henry de Lubac einmal gemeint. Und wer den Sinn des Lebens Christi zu fassen vermöge, der könne »eindringen in die göttliche Wirklichkeit.« Aber nun sitze ich an meinem Tisch über der Bucht, lege den Kopf in die Hände und blicke verzweifelt auf das Meer hinaus – als könne ich abwarten, bis ER aus dem Wasser aufstiege und ich könnte ihn sehen und beschreiben wie eine weiß-gelbe Hostie.

Anfangs erscheint einem Christus wie ein Wesen voller Zauber. Man sieht hin, und schon im nächsten Moment ist er wieder verschwunden. Manchmal ist er wie der Star aus einem Musical, ein Freak, der singend über die Bühne tanzt. Meine Frau meint sogar, Jesus habe alle Attribute einer Pop-Ikone. Wie er versonnen auf Bergen verweilt. Wie er mit fünf Laiben Brot und zwei Fischen fünftausend Menschen speist, indem das, was die Leute teilen, immer nur mehr wird statt weniger.

Die Frage nach Gott ist das eine. Dieses unfassbare Etwas, das niemand kennt, und von dem viele sagen, es existiere überhaupt nicht. Christus ist das andere. Wie kann jemand, überlegte ich zu Beginn meiner Recherchen, der weder ein Manifest noch ein intimes Tagebuch hinterließ, über zweitausend Jahre hinweg diese Faszination ausüben? Selbst kluge Menschen glauben, dass Jesus Tote auferweckte, über Wasser gehen und am Ende in den Himmel fliegen konnte wie eine Rakete in Cape Canaveral. Er wurde angeblich jungfräulich empfangen, zu einem Zeitpunkt, als noch niemand über künstliche Befruchtung und die Möglichkeiten des Klonens sprach. Und ist es nicht ungeheuerlich, zu denken, dass da ein Mensch, der um das Jahr 30 in Palästina hingerichtet worden ist, der Erwählte und Gesalbte, eben »Christus« sei? Wie kann man überhaupt eine einzelne Gestalt zur Mitte aller Geschichte erklären?

Mein Erstaunen über diese Dinge ist nicht kleiner geworden. Jesus lehrte in den Synagogen und verkündete seine Nachricht vom Reich Gottes. Während er die einen kurierte, darunter »Besessene, Mondsüchtige und Gelähmte«, wie es in den Evangelien heißt, nannte er andere »blinde Narren« oder »Nattern und Schlangenbrut«. Gegenüber unbarmherzigen Gläubigern, also Typen in Banken und Finanzämtern, sprach er die Warnung aus, sie würden dereinst den »Folterknechten« übergeben werden. Ehemüde wiederum tröstete er mit den Worten, »nach der Auferstehung« würden endlich »die Menschen nicht mehr heiraten, sondern sein wie die Engel im Himmel.«

Immerhin war ihm die Geschichte mit Judas passiert. Das macht bei der Auswahl von zwölf Leuten eine Ausfallquote von 8,33 Prozent. Und aus seiner handverlesenen Truppe, zähe Fischer, die für gewöhnlich nicht leicht aufgeben und die mit beiden Beinen auf dem Boden stehen, war schließlich kein einziger zur Stelle, als es um Kopf und Kragen ging.

»Gott von Gott, Licht vom Licht«, so reden die frühen Kirchenlehrer über Jesus. Johannes schreibt im Prolog seines Evangeliums, das zum Besten gehört, was jemals aufgezeichnet wurde: »Und das Wort ist Fleisch geworden. Es hat unter uns gewohnt.« Jesus war kein romantischer Träumer. Er hat von Menschen Anstrengung verlangt, sogar die größte, die man verlangen kann, die Umkehr. Muss man sich aber wundern, wenn den damaligen Schriftgelehrten die Haare zu Berge standen? »Ich werde euch nicht als Waisen zurücklassen«, versprach er. Er werde den »Vater« bitten, einen Beistand zu senden, »es ist der Geist der Wahrheit.« Wer kann so etwas ernst nehmen? Jesus sprach wie ein Psychopath: »Wer mich aber liebt, wird von meinem Vater geliebt werden, und auch ich werde ihn lieben und mich ihm offenbaren.« Und weiter: »Wer mich sieht, sieht den Vater«, und »keiner kommt zum Vater außer durch mich.«

Mit aller Vorsicht und allem Respekt kam Doktor Pierre Barbet, langjähriger Chefarzt der chirurgischen Abteilung des St.-Joseph-Krankenhauses in Paris, nach ausführlichen

Untersuchungen zu dem Schluss, dass Jesus' Todeskampf verhältnismäßig kurz gewesen sei. Der Gekreuzigte müsse dabei das Gefühl einer fortschreitenden Erstickung gehabt haben, verursacht durch die Fixierung des Körpers mit erhobenen Armen und der großen Behinderung der Atmung: »Der ganze Todeskampf bestand also aus einem abwechselnden Sichsenken und Sichheben, aus Atemnot und Atemschöpfen.« Wenn man die Evangelien mit den Augen des Arztes lese, so fährt er fort, »wird man jedes Mal mehr davon betroffen, wie der Heiland das ganze Geschehen beherrscht. Uneingeschränkt und freiwillig hat Er alle Folgen der Menschwerdung nach dem Willen des Vaters auf Sich genommen, einschließlich aller Zerstörungen, die Wunden an der armseligen Hülle unseres Körpers anrichten können.

Er ist gestorben, *weil* Er es gewollt hat.

Er ist gestorben, *wann* Er es gewollt hat, nachdem Er noch bei vollem Bewusstsein sagen konnte: ›Es ist vollbracht, mein Werk ist getan.‹«

In seinem 1949 veröffentlichten Buch mit dem bemerkenswerten Titel »Die Passion Jesu Christi aus der Sicht des Chirurgen« wertete der Arzt alle Zeugnisse und Zeugenaussagen aus, die er finden konnte. Er untersuchte das Grabtuch von Turin, von dessen Echtheit er absolut überzeugt war. »Die Symptome der Tetanie und Asphyxie«, so Barbet, »die für einen Arzt unzweifelhaft zu erkennen sind, beweisen, dass die Abdrücke des Grabtuches der Wirklichkeit entsprechen.« Er nahm sogar Experimente vor, um etwa herauszufinden, ob die Nägel bei der Kreuzigung durch den Handteller oder, was er für wahrscheinlicher hielt, durch die Handwurzeln getrieben wurden.

Barbet betrachtete die Senkung des Körpers, die Beugung des Kopfes nach unten, die Abplattung der konkaven Wölbung des Nackens und der Krümmung der Lendenwirbelsäule, das Erscheinen der Dornfortsätze der Lendenwirbel, das Hervortreten des vierköpfigen Oberschenkelmuskels. Über den ganzen Körper, hielt Barbet fest, ließen sich die Spuren der Geißelung nachweisen, ausgeführt von zwei vermutlich unterschiedlich großen Folterknechten. Siebzig tiefe Wunden belegten die Dornenkrönung, wie von Matthäus und Johannes beschrieben. Auf die Verletzungen, die das Tragen des schweren Kreuzes verursacht hatte – ein etwa 2,80 Meter langes und 125 Kilogramm schweres Stück aus zwei Teilen in der Form eines »T« – wiesen Hauptabschürfungen in der äußeren oberen Schulterblattregion der rechten Schulter hin. Rechtfertigte diese Beschreibung, fragt der Chirurg, nicht auch die Prophezeiung des Jesaja: »Von der Fußsohle bis zum Scheitel ist nichts dran heil – nur Beulen, Striemen und frische Wunden; man hat sie nicht ausgedrückt, nicht verbunden, nicht gelindert mit Öl.«

Die Diagnose des Wissenschaftlers ist verblüffend: »In diesem leidenden und sterbenden Menschenleib wohnte die Gottheit. Sie blieb auch im toten Leib noch gegenwärtig. Mit erhabener, erschütternder und anbetungswürdiger Majestät spricht sie uns an aus dem unvergleichlichen Antlitz vom heiligen Grabtuch.«

Als ich diese Zeilen las, musste ich an Thomas denken. Er wurde Didymus genannt, Zwilling, vielleicht deshalb, weil seine eine Hälfte voller Glauben war, und die andere voller Zweifel. Ich konnte gut verstehen, dass der Apostel forderte, der vom Grabe auferstandene Rabbi möge ihm doch zunächst einmal die Wundmale und die Seite zeigen. Ganz so, wie man nach einem Ausweis verlangt. Jesus ließ es zu, konnte sich aber eine Bemerkung nicht ersparen: »Weil du mich gesehen hast, glaubst du. Selig sind, die nicht sehen und doch glauben.«

Ich lehnte mich auf meinem Stuhl zurück und verschränkte die Hände hinter meinem Kopf. Auf der Terrasse schwirrten einige Schmetterlinge herum, und von der Küche her duftete es nach frischem Kaffee, den meine Frau aufgebrüht hatte.

Ich weiß nicht, wann ich damit begonnen habe, wieder an Gott zu denken. Es kann bei einer Hochzeit gewesen sein, wenn man in die Kirche muss, weil die Brautleute auf eine Kulisse für die romantische Stimmung bauen. Man sitzt bei solchen Gelegenheiten ein wenig verloren herum, hält die Hände locker gefaltet und betrachtet aus Langeweile den barocken Kirchenhimmel, wo dicke Putten einen Kranz um die heilige Maria flechten oder kräftige Erzengel mit Lanzen und Schwertern den gefallenen Luzifer in die Schranken weisen.

Die Schönheit heiliger Räume, ihre erhebende Poesie, hatte mich sofort wieder berührt. Es sind ganz besondere Schwingungen, die man an sakralen Orten wahrnehmen kann, und in den kunstvollen Bauten unserer Gotteshäuser scheinen uns vorhergehende Generationen so etwas wie Rettungsinseln hinterlassen zu haben, um sich in einer Flut von Unrat und Unglauben daran festzuklammern. Auf einem sensationellen Fresco des italienischen Renaissancemalers Piero della Francesca etwa, das ich für die Zeitschrift »Merian« in Pieros Heimatstadt San Sepolcro in der Toskana besuchte, ist in der Darstellung der Auferstehung Christi das Unfassbare in einer Weise ausgedrückt, als käme es von weit her, aus tiefen Schichten eines mystischen Verständnisses unserer Welt. Aldous Huxley hat es als »das schönste Bild der Welt« bezeichnet, zurecht. In seiner Botschaft der Schönheit lässt sich erahnen, dass echte Schönheit immer Wahrheit ist und Wahrheit immer auch Schönheit.

Vielleicht war es auf einer Beerdigung. Wenn die Hinterbliebenen mit traurigen Minen in den vorderen Bänken sitzen und verstohlen nach hinten blicken, weil sie nicht mehr wissen, wie man sich in heiligen Räumen benimmt und was hier in welcher Abfolge geschieht. Der Priester betet seinen Sermon herunter, und wenn er es ein wenig besser macht, sagt er dabei auch einen Satz vom Leben und vom Tod, der sich einem wirklich anhaftet.

Vielleicht aber war es auch, als ich einen bestimmten Song hörte, »Eleanor Rigby« von den Beatles, mit seinem Refrain »All the lonely people« und dem Vers vom Father MacKenzie, der meine Stimmung traf, eine gewisse Müdigkeit und Verlorenheit, weil sich alles nur noch sinnlos wiederholte und sich die Tage abspulten wie auf einer Zwirnrolle, die sich nicht mehr aufrollt, und die am Ende eben einfach abgespult und aus ist.

Es ist eine lange Geschichte. Und es ist schwer, darüber zu schreiben. In groben Zügen vielleicht schon, aber nicht in den vielen Details, den Gedanken, Gefühlen und Erlebnissen dieser Geschichte. »Herr, lehre uns beten. Lehre mich einsehen, dass ohne Gebet mein Inneres verkümmert und mein Leben Halt und Kraft verliert« – was sagt man schließlich zu so einem Satz? Er stammt immerhin von Romano Guardini, einem der größten katholischen Gelehrten. Aber wirken solche Botschaften, wenn man mit der Sprache nicht vertraut ist, nicht auch ein wenig verquast? Dinge des Glaubens sind schwer auszudrücken, und oft genug wirken sie für Außenstehende ein wenig kindisch und überdreht, irgendwie so, als ob da plötzlich jemand spreche, der sich einer Gehirnwäsche unterzogen habe.

Kollegen aus meiner früheren Redaktion hatten mir vor einiger Zeit als Thema für einen Magazin-Beitrag meine Rückkehr zum Glauben vorgeschlagen, weil sie dringend einen Artikel für ihr Weihnachtsheft brauchten. Ich hatte lange Zeit gezögert. Ich bin in Fragen der Religion ein Anfänger, der gerade einmal gelernt hat, dass es ein Vorteil sein kann, Kirchenfenster auch von innen zu betrachten, wo sie aufleuchten. Was sollte ich schon sagen können? Niemand auch käme ernsthaft auf die Idee, man könne Zen-Buddhismus in einem Crash-Kurs erfahren, und man könne damit einen Grad der Erleuchtung erreichen, der Osram-Birnen überflüssig macht. Ist das Christentum in seiner Fülle, seinen Verzweigungen und in der Tiefe seiner Geheimnisse wirklich weniger anspruchsvoll und umfassend, auch wenn die allerwenigsten annehmen, es gäbe hier in diesem riesigen Gebäude mit seinen unendlichen Zimmerfluchten noch etwas zu entdecken?

Aber das war nicht der Hauptgrund für meine Scheu. Ich fühlte mich einfach nicht befugt. Es schien mir, als müsse ich auf den Markt treten wie ein Anpreiser von Teppichschaum und neuartigen Gurkenhobeln. Ich bin viel zu schwach dafür. Ein Sünder vor dem Herrn. Und ich möchte auch nicht morgens beim Rasieren im Spiegel die Spuren jener Gewissensbisse sehen, die mir ein fragwürdiges, anmaßendes Auftreten beigebracht hätte.

Fühlen wir uns inzwischen nicht auch viel zu fortgeschritten, um noch glauben zu können, was für die Generationen vor uns völlig unkompliziert und akzeptabel war? Jesus wurde in den vergangenen Jahrzehnten mit allerhand Sezierwerkzeugen immer mehr zerlegt. So weit, dass von ihm inzwischen nur noch übrig ist, was bequem auf einer Untertasse Platz hätte. Könnte es aber nicht auch sein, dass wir dabei in unserer Entwicklung gar nicht so fortgeschritten sind, wie wir uns das denken? Dass, ganz im Gegenteil, möglicherweise unsere Fähigkeit, solche Phänomene wahrzunehmen, geradezu verkümmert ist? Vielleicht müsste man, überlegte ich, um wieder an den Kern der Geschichte heranzukommen, die Fragen wieder so naiv und kindlich stellen, wie es nur irgendwie ginge.

Ernest Hemingway hat in einer seiner Short Storys die Karfreitags-Geschichte ausgelegt. Seine Quintessenz ist, Leiden bleibe niemandem erspart, und es komme darauf an, wie man es durchsteht, so dass es eine Sache von Würde wird. Den römischen Schergen, die er dabei zu Wort kommen lässt, war nicht verborgen geblieben, dass bei dem Gekreuzigten ein Mädchen, eine richtige Schönheit, ausgeharrt hatte, und sie sprachen darüber. Man trifft sich in einer Bar. Einer der Soldaten nimmt einen Schluck Wein, aber er möchte ihn am liebsten gleich wieder ausspucken: »Jesus Christus!«, flucht er. Unter den anderen entwickelt sich der folgende Dialog:

»Warum ist er nicht vom Kreuz runter gestiegen?«

»Weil er nicht vom Kreuz runter steigen wollte. Das gehört nicht zu seiner Rolle.«

»Na, den Kerl möchte ich sehen, der nicht vom Kreuz runter will.«

»Ich sage euch, wenn ihr mir einen zeigt, der nicht vom Kreuz runter will, wenn's ernst wird – ich meine, wenn's wirklich ernst wird –, dann will ich zu ihm raufklettern.«

Vielleicht war Hemingway nicht besonders fromm, dass er katholisch war, hat er allerdings nie versteckt. »Du weißt, ich schwärme nicht gerade für Religion«, schrieb er seiner Mutter, »aber ich bin ein so aufrechter Christ, wie ich kann.« Und in einem anderen Brief meinte er: »Ich habe Bill nie gefragt, in welche Kirche er geht, weil das nicht wichtig ist. Wir beide glauben an Gott und Jesus Christus und hoffen auf ein Leben nach dem Tod.«

So fängt das irgendwie an.

2
Wie Jo-Jo

Als wir heute Morgen aufwachten und später, als wir beim Frühstück auf der Veranda saßen, regnete es wie aus Kübeln. Tief hängende Wolken zogen über das Meer; ein Bild, wie wenn ein Sturm aufzieht. Die Möwen waren verschwunden. Es hatte sich richtig eingeregnet, und es war nun egal, auf welcher Insel oder in welcher Stadt oder in welchem Haus wir waren.

Mein Freund Paul hatte uns geraten, wir sollten uns ein Boot nehmen und einen Ausflug nach Patras machen. Dort könne man etwas essen und trinken und danach mit einem Taxi zur Andreas-Kathedrale, der Hagios Andrea, fahren. In der rechten Seitenkapelle befinde sich nicht nur das Kreuz des erstberufenen Apostels, sondern auch seine Schädeldecke. »Da geht dir der Hut hoch«, schrieb Paul, »und es wäre eine gute Geschichte. Denn dieser Schädel hat ja das ›Vaterunser‹ persönlich gehört, und vielleicht hat er ja auch, wer weiß, ab und an eine zärtliche Kopfnuss vom Allerhöchsten höchstpersönlich bekommen.«

Der Hinweis klang verheißungsvoll, aber meine Frau und die Jungs kuschelten sich lieber in warme Decken ein und lasen in einem Buch und in einer Zeitschrift für Computerspiele. Ich blickte müde auf die See hinaus und beobachtete die Regentropfen, die am Fenster vor meinem

Arbeitstisch unaufhörlich auf einen grünen Blechtisch prasseln.

Mein Leben hat sich verändert, aber es ist nicht so, als hätte da jemand einen Hebel umgelegt und nun würde, wie auf dem Oktoberfest, immer nur Musik gespielt. In unserer Wohnung hängt neuerdings ein Weihwasserbecken, das ich von Zeit zu Zeit auffülle, bevor es ganz austrocknet. In meiner Kindheit waren solche Dinge selbstverständlich. Aber als ich den Nagel für das kleine Kruzifix in der Küche einschlug, hatte ich das Gefühl, etwas völlig Abnormes zu tun, für das man sich schämen müsste. Fast so, als würde man seinen neuen BMW plötzlich mit Tierfellen oder Pin-ups vollkleben. »Was ist los? Warum fühlt man sich so komisch?«, hatte ich durch die Wohnung gerufen, »sind wir jetzt Mitglied einer Sekte oder so was? Es gibt schließlich sogar in Deutschland noch Christen.« Das war lange bevor Ronaldo und die anderen Fußballstars sich bekreuzigten, wenn sie auf das Spielfeld liefen, oder ein T-Shirt mit dem Aufdruck »Jesus lebt« hoch hielten, wenn sie ein Tor geschossen hatten. Meine Frau wurde ein wenig verlegen, als sie sah, wie ich mit den Nägeln hantierte und dass es mir ernst war damit. Meine Jungs schüttelten wortlos den Kopf und zogen sich in ihre Zimmer zurück, in denen riesige Poster von Popstars hängen, die sich in der Rolle von Gangstern gefallen.

Ich bin nicht automatisch ein besserer Mensch geworden, leider. Das Problem ist ja auch nicht, niemanden zu töten. Ein großer Prozentsatz der Menschen bringt das fertig. Das Problem ist, zum Beispiel einen Wagen so zu verkaufen, dass man den Käufer dabei nicht übers Ohr haut. Natürlich fand ich es sympathisch, dass die Kirche selbst sich stets als die *Kirche der Sünder* bezeichnet. Aber noch kein Konzil hat auch nur eines der gelegentlich sehr lästigen Zehn Gebote aufgehoben. Und dass man hier sogar die kleineren Nachlässigkeiten seiner Nächsten geduldig ertragen soll, erscheint mir von Zeit zu Zeit schon wieder ein Grund, dieser Religion den Rücken zu kehren.

Christentum ist kein Zeitvertreib für schrullige Typen. Es gibt genügend Staaten, die diese Art von Vergnügen noch immer mit dem Tode bestrafen. Glaube ist auch keine Sacher-Torte, die man genussvoll essen kann, sobald sie einmal auf dem Tisch steht. Glaube wird nie fertig. Da ist eine Tür. Und du machst die Tür auf, und da ist noch eine Tür, und dann noch eine. Und jeder Raum ist anders und schön und spannend, und es geht immer weiter so, und du hoffst nur, dass es wirklich noch lange so weiter geht.

Man kann Glauben auch wieder verlieren. So wie die Fähigkeit für Steno oder das Glasperlenspiel, wenn man aufhört, es zu üben. Manche verlieren ihn ganz. Und viele finden ihn erst kurz vor ihrem Tod wieder, wenn sie bereits das Licht in der Schleuse sehen und ein wenig zittrig eine Reise vor sich erahnen, von der sie nicht genau wissen, ob sie nicht doch auch schnurstracks in die Hölle führen könnte.

Glaube ist so etwas wie ein Blick zurück nach vorne. Weil er sich auf eine Offenbarung gründet, und gleichwohl nie etwas Gestriges ist, sondern stets etwas Zukünftiges sein wird, eine Bewegung, die immer nur nach vorne geht. Für den, der dabei mitmacht, ist es wie beim Jo-Jo. Einmal bist du weit oben, dann wieder ganz unten. Man fängt immer wieder von vorne an. Und manchmal ist man bereits oben, wenn man sich ganz unten fühlt, und man ist ziemlich weit unten, wenn man sich stolz endlich ganz oben denkt.

Glaube hat mit Gefühl zu tun. Er ist etwas zum Hören, zum Riechen, etwas für die Augen. Natürlich etwas für den Verstand, aber noch mehr etwas für das Herz. Eine fabelhafte Welt, die man betreten kann. Voller Freude und Zärtlichkeit und Poesie. Gute Gefühle werden wach, wie duftende Rosen, die sich in der Morgensonne öffnen, auch wenn sie nicht ewig blühen können.

Es ist ein Licht, das man mag. Oder eine himmellange Treppe hinauf zu einem heiligen Ort, den man mag. Es sind einfach sehr viele Dinge, die man mag. Glaube ist sogar lustig, weil man lernt, über sich selbst zu lachen. Du sitzt im stillen Winkel einer Kirche. Und du kannst etwas empfinden. Du bekommst eine winzigkleine Ahnung von etwas, an das du vorher niemals gedacht hattest. Es huscht unscharf an dir vorbei, aber du fängst zumindest einen Schimmer davon in deinem Auge, und es war etwas, das einen starken Eindruck hinterlassen hat. »Man glaubt, ich sei verrückt, weil ich ein Christ sein will«, so hat es Vincent van Gogh einmal gesagt. Das war lange bevor er sich ein Ohr abschnitt. Und erst recht lange bevor er sein Gefühl in einem seiner letzten Bilder ausdrücken konnte, dem er den Titel »Barmherziger Samariter« gab.

Warum kehrt ein ehemaliger Kommunist nach fünfundzwanzig Jahren wieder zurück zur Kirche? Was bewegt ihn dabei? Was sagen seine Freunde dazu, falls er nun überhaupt noch Freunde hat? Ist es eine Spinnerei? Warum wird er kein Buddhist wie Richard Gere und andere Prominente, die im Buddhismus die einzige Möglichkeit einer zeitgerechten Spiritualität sehen, eine Sache, für die man sich immerhin nicht zu schämen braucht? Warum kehrt er ausgerechnet in eine Kirche zurück, die viele nun nicht gerade als das Modell der Zukunft betrachten, obendrein geführt von einem buckligen alten Mann, der sich Pontifex nennt, Brückenbauer?

Als mir die Redaktion des Magazins der »Süddeutschen Zeitung« diese Fragen für meinen Artikel stellte, türmten sich bald Notizzettel um mich herum wie Berge aus Papier. Was könnte man sagen? Morgens betrachtete ich die müden Augen in meinem Gesicht und die blauen Ringe darunter, die nicht unbedingt Harmonie und Erfüllung ausstrahlten. »Praktizierender Katholik« – früher klang das auch in meinen Ohren wie eine Bedrohung, und plötzlich war ich selber einer. Was war eigentlich passiert? Bin ich, ohne es richtig zu wollen, im falschen Film gelandet? Früher fragten mich Leute, wie es sein könne, dass ich *nicht mehr* in der Kirche bin. Heute fragen mich noch weit mehr, wie es sein könne, dass ich *wieder* in der Kirche bin. Ist da nur eine besondere Begabung, zur falschen Zeit am falschen Ort zu sein? Oder nähern wir uns bereits Zeiten, in denen dieser Glaube wieder so exotisch empfunden wird wie unter Kaiser Nero im alten Rom?

Stimmt, warum bin ich überhaupt zurückgekehrt, überlegte ich heute Morgen, als ich mich langsam aus dem Bett drehte und die Füße auf den Boden stellte. Aus Sentimentalität? Aus Einsamkeit? War es die Sehnsucht nach einer Heimkehr, um etwas zu haben, etwas Bleibendes, das sich dem allgemeinen Veränderungswahn entzieht? War es das Entsetzen über den Zustand unserer Kultur? Oder Hilflosigkeit? Um dem Leben wieder Sinn zu geben und es besser auf die Reihe zu kriegen? Oder entstand diese Rückkehrbewegung aus einer Rebellion heraus, weil heutzutage nichts so sehr provoziert wie die Frage, ob denn diese alte und scheinbar so verkrustete Kirche mit ihrer so unbeugsamen Position nicht doch auch recht haben könnte? Und ob denn dieser Pontifex, dessen Buckel sich neigt wie die Zeiger einer Uhr, im Grunde nicht einen sehr aufrechten Gang beweist? Schwer zu sagen. Vielleicht war es von allem etwas, aber das ist noch nicht das Ganze. Große Gefühle waren es, die ganz bestimmt. Mit Strömen von Freude, nachts, in Rom, wenn man über den Petersplatz tanzt und spürt, bevor einen die Carabinieri wieder einfangen, dass unter diesem Pflaster tatsächlich das Herz der Welt klopft.

Ich möchte an dieser Stelle eine kleine Geschichte erzählen, die mir über den Weg gekommen ist. Vielleicht kann sie ausdrücken, um was es hier geht.

Ein väterlicher Freund schenkte mir eines Tages eine kuriose Postkarte, die er in einem Antiquariat entdeckt hatte. Die Karte ist vielleicht achtzig oder hundert Jahre alt und trägt den Titel »Das einzig wahre Bildnis unseres Heilandes.« »Das vorstehende Bildnis«, so wird in einem Begleittext versichert, »ist abgenommen von einem Schnitt in Smaragd.« Es stamme »aus der Schatzkammer von Constantinopel« und sei »durch den Kaiser der Türken dem Papst Innocent VIII. übergeben« worden. Ein gewisser Publius Lentulus, in jenen Tagen römischer Statthalter in Judäa, habe den Mann aus Nazareth in etwa so beschrieben: »Sein Haar hat die Farbe einer völlig reifen Haselnuss ... Seine Stirne ist sehr offen und glatt, sein Gesicht ohne Flecken und Runzeln, schön, von angenehmem Roth.« Nur der Bart sei »etwas stark«. Seine Augen wiederum »sind grau, klar und lebhaft.« Alles in allem sei da ein »Mann von etwas großer und stattlicher Figur und sehr ehrwürdigem Aussehen, so dass die, welche ihn sehen, ihn sowohl lieben als auch fürchten müssen.«

Nun ja, das Bild zeigt einen Jüngling mit langen Haaren, einer spitzen Nase, stechenden Augen und einem vorstehenden Kinn. Und abschließend heißt es über den Sohn Gottes: »Niemand kann sich erinnern, ihn lachen gesehen zu haben, aber viele sahen ihn weinen.«

Jesus konnte gut reden. Er hatte enormen Charme und war, was sonst, umwerfend charismatisch. Aber welchen Charakter hatte er? Welche Vorlieben? War er Vegetarier? Seine Feinde beschimpften ihn als »Fresser und Weinsäufer«, aber das hatte politische Gründe. Und ob er Fehler hatte und an sich arbeiten musste wie wir auch, wird man nicht mehr klären können. Aber warum hatte er kein eigenes Haus? Was war mit den Frauen, die ihm pausenlos nachliefen?

Nazareth war zu Zeiten Jesus' ein verschlafenes Nest. Die Leute lebten vom Handwerk, andere hielten sich Ziegen und Schafe. Kinder waren ein Geschenk der Liebe Gottes, und man beeilte sich, sie zu zeugen. Wobei Mädchen nach dem Talmud lediglich als »illusorischer Schatz« galten. Man müsse ständig auf sie Acht geben, hieß es. Auf der staubigen Dorfstraße sah man bärtige Typen, die in langen Gewändern herumschlenderten und nach einer Möglichkeit suchten, sich die Zeit zu vertreiben. Frauen schleppten Körbe auf dem Kopf und Jungs hatten wohl auch damals nur Augen für Mädchen, die auf einen Flirt aus waren. Das Land war besetzt, und nicht wenige träumten davon, das Joch der römischen Herrschaft endlich abzuschütteln. In diese Szenerie fiel Jesus' erstes öffentliches Auftreten. Dass es wie ein Paukenschlag wirkte, eine bodenlose Provokation, ist nicht schwer zu verstehen.

Den Quellen nach war Jesus ein melancholischer, unberechenbarer Jüngling, dem vieles zu lange, anderes wieder zu kurz dauert. Manchmal ist er ganz witzig, verkündet etwa die Sitzordnung nach dem Weltgericht, die man durchaus auch politisch verstehen könnte. Die Schafe würden zu seiner Rechten versammelt, sagt er, »die Böcke aber zur Linken«. Kinder mochte er. Vielleicht weil er in ihnen, die noch kein böser Gedanke, keine intellektuelle Skepsis, keine Berührungsangst und keine Eitelkeit trübte, paradoxerweise bereits den ausgereiften Menschen sah, so wie er ursprünglich gedacht ist. Pharisäern ging er aus dem Weg. Weil er von Verkündern des Wortes Gottes träumte, die das, was sie verkünden, auch glauben, und das, was sie glauben, auch leben.

Einmal verbot er seinen Jüngern, den Leuten von seinem Wesen und den Wundern zu erzählen. Er fand es wichtiger, etwas nur in seinem Herzen zu tragen, damit ein Geheimnis auch ein Geheimnis bleibe, weil Geheimnisse schon aus Prinzip unaussprechlich sind.

Von den vier Evangelisten, die die Botschaft Christi überlieferten, beschäftigt sich ganz besonders Lukas mit jenem ersten öffentlichen Auftritt in Nazareth. Lukas war Arzt. Er stammte aus Griechenland und war mit Paulus befreundet. Ihm wird ein wunderschönes Madonnenbild zugeschrieben, auf dem Maria einem etwas verklärt dreinblickenden Säugling ihre Brust reicht. An Jesus interessierte Lukas das Geheimnis seiner heilenden Wirkung auf Menschen. Schließlich hatte der Mann Gottes allerhand Versprechen gemacht. »Ich bin das Brot des Lebens«, pflegte er zu sagen, »wer zu mir kommt, wird nie mehr hungern, und wer an mich glaubt, wird nie mehr Durst haben.«

Für jemanden, der das Christentum weder originell noch spannend findet, klingen solche Dinge reichlich seltsam. Ich kann mich gut daran erinnern, dass auch ich das Neue Testament nicht anders las als ein Märchenbuch für Erwachsene. Lukas hingegen war sofort fasziniert von der ganzen Dramatik der Erscheinung Jesu, die ablief wie eine perfekte Inszenierung. Nichts schien dem Zufall überlassen gewesen. Jede Geste und jeder Satz, den er vorfand, schien eine eigene Bedeutung zu haben. Eine Art »Final Fantasy«-Spiel, mit einer geheimnisvollen Botschaft an die Menschen aller Zeiten. Und die vollständige Entschlüsselung war wiederum erst in Verbindung mit anderen Sätzen und Gesten und Ereignissen möglich. Teils mit solchen aus der biblischen Geschichte, teils aber auch erst mit solchen aus der Zukunft, der Zeit nach Jesus.

Lukas hatte eine Menge Zeitzeugen zur Verfügung. Es gab aufregende Geschichten, die man sich erzählte, dazu einiges schriftliche Material. Zitate und Aufzeichnungen, die durch Anhänger und natürlich auch durch die Gegner des Nazareners in Umlauf waren. »Schon viele haben es unternommen, einen Bericht über all das abzufassen, was sich unter uns ereignet und erfüllt hat«, schrieb er in seinem Vorwort. »Dabei hielten sie sich an die Überlieferung derer, die von Anfang an Augenzeugen und Diener des Wortes waren. Nun habe auch ich mich entschlossen, allem von Grund auf sorgfältig nachzugehen, um es für dich, hochverehrter Theophilus, der Reihe nach aufzuschreiben. So kannst du dich von der Zuverlässigkeit der Lehre überzeugen, in der du unterwiesen wurdest.«

Lukas zweifelte nicht mehr daran, dass jener aus einer anderen Welt stammen musste. Oder sagen wir: Er zweifelte nicht mehr so häufig daran wie früher. Möglicherweise lag das an der spektakulären Entdeckung, die er gemacht hatte, als er das Drama aufzuzeichnen begann. Der Ort, der Tag, der Text – war nicht all das, was mit diesem ersten Auftritt in der Synagoge in Nazareth geschah, wie ein längst überfälliges Heraustreten aus einem Kokon, der nun gesprengt werden musste? Es war noch immer die selbe Weltgeschichte, die vor langer Zeit begonnen hatte und die irgendwann einmal ihr Ende haben würde. Aber nur durch jene Ouvertüre in der Synagoge, mit der das große alte Buch zugeklappt und ein ganz neues begonnen wurde, konnte der zweite Teil an dem göttlichen Werk seinen Anfang finden. Es ging um einen Akt, der der Urschöpfung der Welt in nichts nachstand.

Als Jesus in den Ort seiner Kindheit zurückkehrt, liegt eine fühlbare Spannung über dem Dorf, auch wenn niemand darüber spricht. Die Alten geben sich auffallend gelassen. Dass der Sohn des Zimmermanns in der Synagoge auftreten will, ist an sich noch keine Sensation. Immerhin ist es jedem Gläubigen gestattet, im Gottesdienst die erste oder zweite Lesung vorzutragen und diese anschließend zu kommentieren. Als Jesus freilich zu sprechen beginnt, ist alles anders. Der für die Lesung ausgewählte Text ist spektakulär, auch wenn die Männer in der Synagoge ihn bereits so oft gehört haben mochten, dass sie darüber mehrfach eingeschlafen waren. Es geht immerhin um ein starkes Stück des Propheten Jesaja, nämlich die Vorhersage einer richtigen Zeitenwende, anbrechend mit einem »Gnadenjahr des Herrn«.

Lukas nun hat die Szene mit unverkennbarer Inspiration festgehalten. Er sieht, wie die Alten sich zunächst eher lässig als wirklich interessiert zu dem Jungen hinbeugen. Den Text kennen sie ja. Was sollte schon passieren? Von einer Sekunde auf die andere aber tritt absolute Stille ein. Etwas war neu, und jeder konnte es hören. Ein bestimmtes Wort war gefallen. Es stand einen Moment in der Luft, wie festgehalten, und dann schlug es auf dem Boden auf, tonnenschwer.

Die Männer reißen Mund und Augen auf. Sie sehen sich entgeistert an. Halb verwundert, halb schon empört, aber noch niemand hat seine Stimme wieder gefunden. Wie ein gewaltiger Meteorit war dieses Wort in die Welt gekommen. Jesus steht da. In der Mitte des Raumes. In einem weißen, leicht verstaubten Gewand, wie es die Jünger des verrückten Johannes in der Wüste trugen. Die wallenden Haare berühren seine Schultern, die Arme baumeln an seinem asketischen Körper. Er wirkt ungelenk und kindlich und verlegen, als sei ihm alles noch ein wenig zu groß. Die Gewänder, die Rolle. Aber er hat es gesagt. Und ein Wort, das den Mund einmal verlassen hat, kann nicht wieder dorthin zurück.

Er hatte gesagt, leise, bedächtig und scheu: »Heute hat sich das Schriftwort, das ihr eben gehört habt, erfüllt.« Nicht gestern, nicht morgen. Heute. In dieser Minute, an diesem Ort, mit diesem Mann, vor diesen Zeugen. Heute. Und von nun an sollte es kein Zurück mehr geben. Von nun an sollte sich eine völlig neue Botschaft ihren Weg bahnen, die die Welt verändern würde, wie sie noch niemals verändert wurde, und wie sie auch niemals wieder verändert werden könnte.

Die Szene ist nicht zu überbieten. Musste man nicht darüber stolpern wie über ein aufgespanntes Seil? Vielleicht war es auch für mich insgeheim genau der Punkt, die Frage nach Gott einmal in einem anderen Licht zu betrachten. Lukas jedenfalls mag nervös gewesen sein. Mit zitternder Hand, so stellt man ihn sich vor. Vor Ehrfurcht. Vor Angst. Vor Scheu, ob diese Hände überhaupt die Worte richtig schreiben könnten. Er wird sich diesen Augenblick immer wieder aufs Neue vergegenwärtigt haben, um auch nur annähernd die Wucht dieser Offenbarung fassen zu können.

Zeit seiner Wanderung hatten Jesus' Worte eine unbändige Kraft. Sie konnten nicht nur Tote auferwecken, sondern auch Lebende. Und das Unerklärliche an ihnen war, dass sie nicht nur, wie Lukas das empfinden musste, unter die Haut gingen, sie trafen, ähnlich wie ein Echo in der Tiefe eines Brunnens, auch einen Bereich des menschlichen Ichs, der für gewöhnlich gar nicht oder nur äußerst schwer erreichbar ist.

Es ist ein Sabbat, als Jesus in Nazareth das Buch aufschlägt und zu sprechen beginnt: »Der Geist des Herrn ruht auf mir; denn der Herr hat mich gesalbt.« Und indem er dieses Wort eindeutig auf sich bezieht, verkündet er am ersten Tag seines öffentlichen Wirkens den Prolog seines »Neuen Bundes«. Es ist die Eröffnungsrede einer Weltmission, der Gründungsakt einer neuen *Religion der Liebe*, und ganz unmissverständlich und ganz unkompliziert ist das, was Jesus von nun an zu tun gedenkt: »ER hat mich gesandt«, sagt er in einfachen Worten, »damit ich den Armen eine gute Nachricht bringe; damit ich den Gefangenen die Entlassung verkünde und den Blinden das Augenlicht; damit ich die Zerschlagenen in Freiheit setze und ein Gnadenjahr des Herrn ausrufe.«

Freiheit, Liebe, Heilung. Das war alles. Hört auf mit Ausgrenzung und Unterdrückung, besagt dieses umfassende Programm. Hört auf damit, den Armen, den Lahmen, den Sündern den Zutritt zu den Tempeln und zum Reich Gottes zu verwehren! Hört auf mit Unterscheidung in Bessere und Schlechtere, in Gelehrte und Arme im Geiste. Ich bin gekommen, die ewige Ordnung des Alls zu verkünden und die Welt vom Kopf wieder auf die Seele zu stellen. Hört mir zu! Folgt meinen Reden – und haltet euch an die Gebote Gottes!

Jesus war, wie Lukas schrieb, »erfüllt von der Kraft des Geistes«, als er nach Galiläa zurückkam. Die Leute von Nazareth dachten freilich an alles andere, als dem Sohn des Zimmermanns zu folgen. Erst einmal wollten sie ihn den Abhang ihres Dorfes hinunterwerfen. Den »Berg des Absturzes«, den man noch heute bewundern kann. Und der ist ziemlich steil.

3

Mein Gott

Niemand von uns hatte gedacht, es könnte nach dem Gewitter und der kalten Nacht so schnell wieder warm werden. Jetzt aber liegt eine angenehme, trockene Hitze über der Landschaft. Sie flimmert über dem Asphalt und umgibt die Haut wie ein flauschiges Luftkissen.

Ich hatte im Ort etwas zu erledigen und genoss es, mit dem Motorroller die kurvige Straße entlang zu fahren und die Nadelhölzer zu riechen, die nach Schaumbad duften. Man hört die Melodie des Sommers. Wind, Vogelgezwitscher, das Surren von Fliegen, und in der Ferne das Rauschen des Meeres, und man hört all das zusammen, als säße man in einem ansonsten schallgedämpften Hifi-Studio.

Von ganz oben, gleich an der Stelle, wo ein Mann lebt, den die Jungs »alter Jack« getauft haben, weil er in einer lausigen Hütte neben einem verrosteten Chevrolet-Pickup und Bergen von Fischernetzen haust, ist der Blick besonders schön. Das Meer leuchtet wie königsblaue Tinte, und die Ufer der Inseln ganz weit draußen scheinen mit einer leuchtenden Kordel aus purem Gold eingesäumt zu sein.

Als ich wieder anfing, an Gott zu denken, schien mir das zunächst als ein herausforderndes Abenteuer. So etwas wie ein Kick, den man braucht, um dem Alltag wieder Spannung zu geben. Ich bin anspruchsvoll. Ich mag das Verrückte, Grenzenlose. Ein Leben ohne Glauben wäre mir ab einem gewissen Punkt nicht nur zu wenig, sondern auch zu spießig und leer gewesen. So etwas wie eine Minimalausführung der menschlichen Existenz. Wie soll man es erklären? Ich glaube genau wie Hemingway daran, dass das Leben mit dem Tod nicht zu Ende ist. Ich freue mich auf das Paradies. Ich nehme an, dass es uns gut tun wird, wie immer es auch aussehen mag. Und diese Geschichte ist so grundsätzlich, dass sie alles andere entscheidend beeinflusst. Das ganze Bild von Gott und der Welt.

Kirche ist nichts Gestriges. Glaube hat etwas zu sagen. Und das Christentum ist, wenn ich das richtig verstanden habe, nicht in erster Linie die Auseinandersetzung um Zölibat und den Primat des Papstes, sondern die Auseinandersetzung um die Frage, wie wir richtig leben können.

Der christliche Glaube ist ein ganzheitlicher Entwurf. Ein umfassendes System von richtigem Denken, richtigem Verhalten, richtigem Essen und Trinken, richtiger Beschäftigung, richtigen Übungen, richtigen Beziehungen. Und er ist mit Sicherheit die beste Bewegung, die es für Gesundheit und gutes Benehmen je gegeben hat.

Leben ohne Glauben wäre, als würde Michael Schumacher mit angezogener Handbremse über den Nürburgring schleichen. Ja, so könnte ich es dem alten Jack dort oben in seiner Hütte erklären. Oder es wäre, als würde er, der alte Jack, aufs Meer hinaus fahren, ohne gleichzeitig auch seine Netze mitzunehmen, um einen guten Fang zu machen.

Niemand kehrt zum Glauben zurück, weil er im Weltkatechismus so vorzügliche Passagen gefunden hätte. Und Christentum war vermutlich nicht deshalb so erfolgreich, weil es spannende Fragen stellte. Christentum ist nach meiner Überzeugung einfach die modernste und beste Art, ein Leben zu führen. Und selbstverständlich auch die freiheitlichste. Ich halte die unterschiedlichen Gottesbilder, die es gibt, weder für austauschbar, noch die Wertvorstellungen, die sich jeweils davon ableiten, für gleichwertig. Christentum ist im Gegensatz zu anderen nachgerade *die* Religion der Freiheit. »Ihr seid zur Freiheit berufen, Brüder«, verkündete Paulus triumphierend. Freiheit in dem umfassenden Sinne Jesu, der das Joch von den Menschen nehmen will, alle Ausgrenzung und Unterdrückung aufhebt und jeden einzelnen, egal welcher Herkunft und Begabung, der gleichen Würde und uneingeschränkten Liebe Gottes versichert.

Ich bin fasziniert von den christlichen Traditionen und den Geheimnissen des Glaubens. Ich mag sogar die Dogmen. Nur Esel haben keine Dogmen, pflegte Chesterton zu sagen, der Erfinder des Pater Brown. Esel können nämlich nicht versuchen, eine in einer sehr langen Zeit gefundene Wahrheit in Worte zu fassen – so unvollkommen das mit Worten immer auch möglich ist –, um sie den nachfolgenden Generationen als ein Erbstück weiterzugeben, von dem man Nutzen hat.

Ich bin sehr entspannt darin. Der Glaube an sich ist außergewöhnlich genug, und man sollte ihn so selbstverständlich leben wie Essen, Trinken und Zähneputzen. Es muss völlig in Ordnung sein, auf dem Weg zum Job noch schnell in eine Kirche zu gehen, ein Gebet zu sprechen, eine

Kerze anzuzünden. Nicht, weil man Magie betreibt, sondern weil das Göttliche auch in der Kraft der Zeichen und der Macht der Symbole liegt. Ich nehme vom geweihten Wasser, mache eine Kniebeuge und ein Kreuzzeichen, weil das mindestens so gut tut wie Übungen für die Wirbelsäule. Man kann zur Steigerung seelischer Kräfte eine Andacht halten, um sich auf den Tag oder einen wichtigen Termin vorzubereiten. Man kann für jemanden, der Sorgen hat, einen Segen sprechen. Warum nicht?

Die Kirche ist kein Serviceunternehmen. Ihre Priester sind Seelsorger und Hirten. Aber wo sonst als im Hause Gottes sollten Mittel und Angebote bereitgehalten werden, die einem Trost und Mut geben können? Manchmal sieht das Häuflein von Christen, das sich regelmäßig in unseren Kirchen trifft, aus wie eine Selbsthilfegruppe. Aber man will sich hier nicht selbst helfen, sondern sich helfen lassen. Und statt Selbsterfahrung suchen diese Leute die Erfahrung einer weit höheren Macht, als Menschen sie je haben werden.

Es muss völlig okay sein, einmal im Jahr eine Auszeit zu nehmen, sich an einen heiligen Ort zu begeben, um dort neue Energien zu tanken. Gute Energie, die uns Kraft gibt und nicht auch noch Kraft kostet, wie ein Urlaub neben der Autobahn. Am Aschermittwoch lasse ich mir von einem Priester das Aschekreuz auflegen, um in der darauf folgenden Fastenzeit körperlich ab und geistig zuzunehmen. Und am Gründonnerstag, bevor die Feier der Passion und der Auferstehung beginnt, zu der es auf dieser Welt nichts Vergleichbares gibt, nehme ich in meinem Bethaus um die Ecke am »letzten Abendmahl« teil. Geheimnisse des Glaubens: Wenn ich Glück habe, werden mir dabei sogar die Füße gewaschen.

Einige Leute haben ein Problem, wenn sie an Weihrauch und Beichtstühle denken. Intellektuelle assoziieren diese Dinge mit Verschleierung und Folter. Sie ziehen es möglicherweise vor, ihren Kindern nervtötende Nintendo-Spiele zu kaufen oder sie vor elektronische Sendegeräte zu platzieren, um sie der Neuformatierung durch TV-Kanäle auszusetzen. Wenn sie zufällig in eine Kirche kommen, betrachten sie das Gotteshaus wie ein Museum und den Altar wie ein unbequemes Möbelstück, das eigentlich auf den Sperrmüll gehört. Vielleicht haben sie keinen Respekt vor der Überzeugung anderer und vor religiösen und speziell christlichen Handlungen schon gar nicht. Vielleicht aber haben sie einfach, wie das auch bei mir der Fall war, keine Ahnung davon, dass die reuigen Sünder, die vor ihren Augen scheinbar blöd einem altertümlichen Kult folgen, niemals mit leeren Händen diese Kirche wieder verlassen.

Viele leben so, als ob Gott gar nicht existiert. Ich fand es faszinierend, es ausprobieren zu können. Dass man, wenn man in Not ist, und man ist relativ häufig in Not, für sich und für andere beten kann. So wie es meine Vorfahren machten, die sogar von »Gesundbeten« sprachen. Wenn es hart auf hart kommt, gelobt man eine kleine Wallfahrt nach Altötting. Und wenn man sich Entspannen will, sucht man den Kreuzgang eines Klosters oder sonst einen guten, heiligen Ort auf. Von Konrad Adenauer weiß man, dass er ein Verehrer der Geheimnisse des mittelalterlichen Rosenkranzes war. Immerhin hatte er die Kraft, im Alter von 73 Jahren erster Kanzler der Bundesrepublik zu werden. Und der französische Philosoph René Descartes erregte mit einer Pilgerreise nach Italien Aufsehen, als er erklärte, er könne die Begründung seines philosophischen Systems niemand anderem zuschreiben als der heiligen Maria von Loreto. Es ist eine Art transzendenter Philosophie, die imstande ist, auf der Suche nach der Wahrheit das Empirische zu übersteigen.

Zurück zur Kirche, warum? Vermutlich ist dieser Schritt deshalb so schwer zu vermitteln, weil es unser rationales Denken nicht zulässt, Erklärungen aus der Metaphysik ernsthaft zu erwägen. Dreihundert Jahre nach ihrem Beginn stehen wir noch immer im Banne der Aufklärung. Unsere Begriffe sind zu eindimensional, unsere Vorstellungen rein auf das Diesseits bezogen. Wir haben das jenseitige Denken verlernt. Ich bin nicht frei davon. Allerdings muss ich gestehen, dass ich gleichfalls bis heute nicht davon überzeugt bin, dass der Mensch sich selbst erschaffen hat.

Niemand wird behaupten wollen, dass wir es waren, die Sonne, Mond und Sterne ans Firmament gestellt haben. Wer aber dann? Und gab es jemals auf diesem Planeten ein Wesen, das wusste, was in seinem eigenen Organismus, den es jede Minute spürt und von dem es abhängt, eigentlich vor sich geht? Möglicherweise will das gar niemand wissen. Könnte es aber nicht auch sein, dass dieser für uns so unbekannte und unerklärliche Organismus bereits ein Beleg dafür ist, dass es so etwas wie eine höhere Macht tatsächlich gibt – und Gott nicht nur, wie uns neuerdings Neurologen einflüstern, in unserem Hirn stattfindet?

Selbst sehr komplizierte Dinge sind am Ende immer ganz banal. Scheinbar undurchschaubare Zusammenhänge fußen auf einer simplen Formel, einem einfachen Lehrsatz. Jahrelange juristische Auseinandersetzungen mit Zigtausenden von Aktenseiten, die niemand mehr überblicken kann, enden in dem Spruch eines Urteils, das letztlich ein Ja oder ein Nein bedeutet. Nun, der »lächelnde Papst« Johannes Paul I. hatte die Gabe, schon mit wenigen Sätzen die scheinbar so gewaltigen wissenschaftlichen Rüstzeuge, die man gegen den Glauben ins Feld führt, zum Einsturz zu bringen. »Erzählt mir nicht«, meinte er einmal, »ihr wäret nicht sicher, ob Gott existiert, weil ihr ihn nie gesehen habt. Auch eueren Urgroßvater habt ihr ja nie gesehen, und doch seid ihr sicher, dass es ihn gab. Sagt mir nicht, die Welt und ihr selbst wäret das Produkt einer ewigen Materie, die ganz von allein entstanden sei, die zuerst noch formlos und chaotisch war und dann nach und nach immer mehr Gestalt annehmend im Lauf der Jahrhunderte sich immer weiter entwickelt hatte. Nicht einmal ein winziger weißer Punkt auf einer kleinen schwarzen Tafel entsteht von allein. Warum sollte eine so ungeheuer vielfältige Welt vor Milliarden Jahren plötzlich und ›spontan‹ aus dem Nichts entstanden sein? Kann denn einer, der gar nicht existiert, ›spontan‹ etwas hervorbringen?«

Gibt es Gott? Und wenn ja, wo ist er? Wie könnte er aussehen? Natürlich steht diese Grundfrage am Anfang aller religiösen Überlegungen. Als sich beispielsweise der Informatik-Professor Werner Gitt zum Christentum bekannte, machte er es sich zur Aufgabe, die Bibel daraufhin zu untersuchen, ob sie Gottes zuverlässiges Wort ist, und ob sich aus ihr naturwissenschaftlich relevante Antworten entnehmen lassen. Einer seiner Ansätze war dabei die Frage, wie Informationen entstehen und wo sie eigentlich herkommen. Schließlich findet sich in den Zellen des Menschen die höchste Informationsdichte überhaupt. Würde man lediglich das Volumen eines Stecknadelkopfes von unserem Erbmaterial nehmen, befände sich dort eine solche Menge von Informationen, dass man, setzte man sie in das geläufige Informationssystem Buch um, die Bücher in eine Höhe stapeln könnte, die fünfhundertmal höher wäre als die Strecke zwischen Erde und Mond.

Wer aber, so der Professor, ist für diese Informationsfülle verantwortlich? Für Informationen obendrein, die keine materielle, sondern eine geistige Größe besitzen? Müsse die Evolutionslehre, die von materiellen Prozessen, von Mutationen und Selektionen ausgeht, nicht schon deshalb falsch sein, weil Materie niemals »Geist« produzieren könne? »Geist muss immer am Anfang stehen«, überlegte Gitt. Nur Intelligenz könne eine geistige Größe in die Materie implantieren. Anders gehe es nicht. Man könnte einen Computer Millionen Jahre stehen lassen – nie würde er von selbst ein Programm erhalten. Wenn aber unsere Zellen noch unvorstellbar komplizierter sind als der komplizierteste Computer – wer hat sie dann programmiert?

Ein anderes Beispiel: Früher hatten Aufklärer eine »Schöpfungsidee« wie den Mond als völlig sinnlos dargestellt. Inzwischen, so Gitt, wisse man, dass der Erdtrabant hinsichtlich Größe und Abstand so genau kalkuliert sei, dass er etwa die Neigung der Erdachse stabilisiere, was wiederum die Abfolge der Jahreszeiten garantiere. Schaue man sich auch noch andere Parameter an, etwa die Dauer eines Jahres, die Umdrehungsgeschwindigkeit, Dichte und Zusammensetzung der Erdatmosphäre, könne man unschwer erkennen, dass sie zu nichts anderem geplant seien, als für das Leben auf diesem Planeten. Alleine das

Faktum, dass die Erde eine auffallend optimale Umlaufbahn um die Sonne habe, sei anders als mit dem Glauben nicht erklärbar. Gäbe es bei dieser Bahn nur ein einziges Prozent Abweichung, sei Leben auf der Erde schon nicht mehr möglich. Manchmal, so der Forscher, dauere es eben etliche Jahrhunderte, bis die Naturwissenschaft herausfindet, was die Bibel längst gesagt hat. Und die zentrale Frage, woher diese Welt und das Leben kommt, könne ohne die Aussage der Heiligen Schrift letztlich bis heute nicht schlüssig erklärt werden.

Als etwa auf einer Konferenz an der Universität Sidney jemand behauptete, heute glaube kein einziger ernsthafter Wissenschaftler mehr an die Sechstageschöpfung, erklärte ein Zuhörer, er werde fünfzig Experten aus unterschiedlichen Fachbereichen finden, die begründen könnten, warum sie nach wie vor die Schöpfungsgeschichte der Bibel für möglich hielten. Und in der Tat, die internationale Gruppe von Wissenschaftlern in angesehenen Positionen war sogar spielend leicht zu finden. Die Expertisen liegen unter dem Titel »Die Akte Genesis« mittlerweile auch in Buchform vor.

Dass mit dem Fortschritt unserer Technik ausgerechnet Bilder aus dem uralten Buch der Bücher zurückkehren, ist inzwischen nicht mehr zu übersehen. Und jeden Tag kommen neue hinzu. Überlieferte Vorstellungen, die in der Epoche der Aufklärung von unserem Denken amputiert wurden wie Gliedmaßen vom Körper, erhalten durch Computertechnik und Internet plötzlich eine ganz neue Begrifflichkeit. Wer hätte vor fünfzig Jahren annehmen können, dass von einem einzelnen Punkt aus millionenfach unterschiedliche Prozesse gesteuert werden können, zugeschnitten auf einzelne Personen und gleichzeitig weltweit vernetzt mit Millionen anderer Akteure, wie es heute im Internet Alltag geworden ist? Und wenn es der Großrechner kann – wieso sollte es Gott nicht können, für den Zeit und Raum bekanntlich nicht gelten?

Und wie war das mit dem »Auge Gottes«, das uns als Kinder aus den alten Schulbibeln so forschend ansah? Kann Gott wirklich alles sehen, vorausgesetzt, die Diskretion verbietet es ihm nicht von selbst? Nun, längst lässt sich jeder Schritt nachvollziehen, wenn jemand online geht. Alle Bilder, die jemand sah, auch die schmutzigen, werden abgespeichert. In der Erdumlaufbahn haben wir Satellitenkameras installiert, die in der Wüste von Nevada einen Tennisball orten könnten. Und die gar nicht so göttlichen Navigationssysteme in unseren Autos weisen uns nicht nur die Wege zum verstecktesten Weiler, sie haben uns auch im Blick, wenn wir auf der falschen Spur überholen.

»Im Anfang war das Wort«, so steht es im Evangelium, »und das Wort war bei Gott/ und das Wort war Gott./ Im Anfang war es bei Gott.« Der Evangelist Johannes formulierte die Entstehungsgeschichte der Welt so, dass es einem kalt den Rücken hinunterläuft: »Alles ist durch das Wort geworden,/ und ohne das Wort wurde nichts, was geworden ist.« Und nun? Haben nicht Genforscher gezeigt, dass der Code des Menschen nichts anderes ist als die Kombination von vier Buchstaben, aufgeschrieben vor Urzeiten – und in jeder Zelle des menschlichen Lebens noch immer unverändert erhalten? Längst können wir nun diese Schrift erkennen. Ob wir sie freilich jemals auch lesen können, ist mehr als fraglich.

Heute Mittag, als ich mir eine Pause gönnte, ging ich hinunter in die Bucht und lief am Strand auf und ab, die Hände auf dem Rücken. Meine Frau und die Kinder waren zu einer Tour in den Hafen aufgebrochen. Es war niemand da. Selbst die Wolken hatten sich gewissermaßen in Luft aufgelöst.

Man hat dem Christentum immer wieder vorgeworfen, es sei eine Religion der Sklaven. Derjenigen, die den anderen die Lust, den Luxus, die Macht und das Geld neideten. Der zu kurz gekommenen. Stimmt ja auch. Es ist die Religion der Underdogs. Der Besitzenden schon auch, aber nur von solchen, die sich zur Demut bekennen. Der Unangepassten. Leuten wie van Gogh eben. Vielleicht sind Christen im Sinne des Wortes ja wirklich verrückt. Franz von Assisi zum Beispiel wollte »ein Tor sein in der Welt«. Genau darin liege, meinte er, der höchste Grad an Weisheit. Merkwürdig: Nach der Lehre Christi ist das Kleinste immer das Größte. Das Einfachste gilt als das Schwierigste. Wahre Stärke offenbart sich in der Schwachheit. Und diejenigen, die unten sind, sind eigentlich oben. Und jene, die oben sind, sollten sich schleunigst wieder bücken, um in der Tiefe die Höhen zu erkennen.

Einer meiner Brüder, ein leidenschaftlicher Atheist, meint, es gebe viel zu viele Widersprüche im Christentum. Völlig richtig. Ein Messias auf einem Esel. Ein Erlöser, der sich nicht einmal selbst helfen kann und nicht herabsteigt von seinem Kreuz. Noch nicht einmal ein kleines Befreiungskommando ist zur Stelle, als es um Tod und Leben geht. Was für ein Gott! Der sich nicht zu den Mächtigen, sondern zu Kranken und Sündern wendet! Ein Allmächtiger, der sich demütigen lässt, der im Mitleid mit seiner Kreatur alles Leid auf sich nimmt und in Liebe sich beugt, um auf Knien seinem eigenen Geschöpf die Füße zu waschen. »Ich glaube, weil es widersinnig ist«, hatte Tertullian am Ende gesagt, und allmählich verstehe ich ihn. *Gott*: der durch den eigenen Tod zu neuem Leben führen will. Paradox. Er verlangt keine Brandopfer für sich oder seinen Götterhimmel. Und Frömmigkeit alleine ist Ihm zu wenig. »Wo bist du, Gott?«, fragen seine Anhänger. Und er antwortet gelassen: »Hier bin ich.« – »Wo bitte?« – »Na hier, ganz einfach, hier in deinem Nächsten.«

Verrückt, oder? Nicht umsonst ist für Gläubige das Wunder das Normale. Weil eben alles Wunder ist. Wunderbar von IHM bestimmt und wunderbar auf IHN bezogen. Der Baum, die Blüte einer Blume, ein Kakadu. Natürlich auch die vielen Heilungen von Lourdes, die Wundmale von Pater Pio, die geheimnisvollen Figuren in den Augen der Muttergottes von Guadalupe. Davor aber steht etwas, das der Dramatiker Botho Strauß einmal als den »Aufstand gegen die sekundäre Welt« bezeichnet hat, gewissermaßen das Wunder für den Alltag. Es ist nichts anderes als die unfassbare Verwandlung von Brot und Wein in »Leib und Blut« Christi. Eine wunderbare Vorstellung: derjenige, der empfängt, empfängt nicht nur – er wird seinerseits empfangen.

Ich legte mich in den Sand und blinzelte in die Sonne. Plötzlich musste ich daran denken, als mir zum ersten Mal richtig bewusst wurde, dass die Sache mit Gott nicht irgendein Axiom ist, eine Annahme X, um in den Erklärungsmodellen folgerichtig fortfahren zu können. Ich war richtig erschrocken: Mein Gott, diejenigen, die es ernst meinen, meinen es wirklich ernst damit. Für die ist Gott nicht irgendein Begriff aus vier Buchstaben, eine Spielerei oder eine nette Mode, die wieder vorüber geht. Für die Ehrlichen und die Besten unter ihnen ist Gott keine Frage von wissenschaftlichen Thesen oder chemischen Prozessen in unseren Nervenbahnen.

Es heißt, Christen hätten Gott zu allen Zeiten weniger durch kluge Analysen oder dicke Bücher kennen gelernt, als dadurch, dass sie ihn persönlich erfahren haben. Sie sind der Überzeugung, dass Gott nicht weitergereist ist in eine andere Galaxis, müde und gelangweilt, sondern dass er hier ist, mitten unter uns und über uns und neben uns und in uns. Dass er aktiv vorhanden ist und etwas bewirken kann. Nur so macht Beten Sinn. Nur so macht Christentum überhaupt Sinn. Und die Freunde Jesu Christi müssen nicht in die Sonne blinzeln, um vom Glanz des Allerhöchsten geblendet zu werden. Ich fand die Vorstellung anfangs fast erschreckend, aber ich fand bald auch, dass man im Zweifel für Christus sein konnte. Im Zweifel für Christus.

Vielleicht ist Glaube, überlegte ich, etwas, das dich einfach trifft. Wie eine schöne und nicht allzu harte Welle, die aus dem Meer auf dich zukommt. Und du überlegst nicht lange, denn du siehst, dass du nur den richtigen Augenblick erwischen musst, und dann kannst du dich von dieser Welle ein gutes Stück weit tragen lassen. Du hast die Welle nicht gefragt, und sie hat dich nicht gefragt. Sie hat dich einfach mitgenommen.

4

Die wunderbaren Jahre

Seit gestern haben wir eine Katze am Haus, die sich ganz offensichtlich auf Besucher griechischer Inseln spezialisiert hat. Sie trägt einen zerzausten Patchwork-Wintermantel und ist nicht gerade versessen darauf, sich ihre Beute selbst zu fangen. Sobald sie um die Ecke biegt, beginnt sie laut zu klagen, wie eine Bettlerin, die unmittelbar am Verhungern ist.

In unserem Tal stehen noch vier weitere Häuser, dazu zwei alte, verriegelte Bungalows schräg oberhalb der Bucht. Unsere englischen Nachbarn auf der anderen Seite brechen regelmäßig zu einem geordneten Ausflug auf. Bevor sie im Gänsemarsch Aufstellung nehmen, sitzen die beiden Kinder auf dem Balkon, lesen versunken in einem Buch und lassen an den hohen Stühlen ihre Füße baumeln. Der Vater ist groß, kantig und schlaksig, die Erscheinung eines fahrenden Ritters. Die Mutter trägt eine Art Madame-Mim-Frisur, und von ihrem Gesicht ist kaum mehr zu sehen als zwei scheue Augen und die Spitze einer Nase.

Manchmal ist es notwendig, Distanz zu gewinnen und einen neuen Platz zu finden, um wieder frei Atmen zu können. Ohne die Stapel von Büchern, die man lesen sollte. Ohne Berge unsortierter Papiere, die Bescheide der Behörden, die unbezahlten Rechnungen. In meinem Büro schreit alles danach, endlich erledigt zu werden. Ununterbrochen klingelt das Telefon, und Meinungsforscher und Versicherungsagenten bestürmen dich mit Fragen und Angeboten. Internet-Anbieter locken dich auf ihre Homepage und lassen dich nicht mehr los. Ein absurdes Theater.

Die Frau in meinem Zeitungsladen in München, eine Italienerin mit über achtzig Jahren und einer mädchenhaften Ausstrahlung, gab mir die Collegeblocks mit, in denen ich jetzt schreibe. Sie liest alle Zeitungen und Magazine in ihrem Laden und notiert sich Lebensweisheiten oder Sätze, die ihre Weltsicht bestätigen. Etwas von der Art, dass die Menschheit von Anfang an verrückt war und selbst Schuld ist an ihrem Untergang. Sie schließt jede Unterredung mit einem Achselzucken und einem »egal« oder »macht nichts« ab, vor allem dann, wenn wir uns über das schlechte Wetter unterhalten. »Schreiben Sie wieder?«, hatte sie gefragt. Ich sagte »ja«. Und sie sagte nichts. Gott sei Dank auch nicht »macht nichts«, sondern nur, nach einigen Sekunden, »alles Gute für Sie, *bon giorno* und gute Reise.«

Neben mir liegt mein Talisman, ein grober indianischer Rosenkranz, den mir ein Freund aus Mexiko mitgebracht hat. Mit roten Holzperlen und einem ungeschliffenen Kreuz, in dem man, wenn man es gegen das Licht hält und noch einigermaßen gute Augen hat, die kleine Muttergottes von Guadalupe sehen kann. Ich finde, man beginnt eine Arbeit besser, wenn man sie mit einer Andacht beginnt. Dann schreibt man mit Tinte einen Satz und noch einen, und es genügt schon, zehn oder zwölf Seiten zu schreiben, um einen guten Tag zu haben.

Ich habe gelernt, Pausen zu machen. Und lange Pausen sind besser als kurze. An manchen Tagen ist es sogar klug, seine Arbeit ganz aufzugeben, sich zu entspannen und in einem der Maigret-Bücher von Simenon zu lesen. Meine Frau hat sich ein wenig hingelegt – Kopf in den Schatten –, und die Jungs lungern herum wie Raubkatzen, äußerst gelangweilt, aber jederzeit auch bereit zu einem verletzenden Sprung. Unsere Kinder sind nicht mehr so klein. Der Zauber der Unschuld ist verflogen, und wenn wir uns heute streiten, fallen Ausdrücke, die nicht einmal in einem Tagebuch für Teenager gut aussehen. Die Frage: »Ist das dein Vater?« beantworten sie seit langem mit: »Ja, leider«. Und wenn es sich nicht vermeiden lässt, mit mir auf die Straße zu gehen, etwa weil wir ein Geschenk für den Muttertag brauchen, zwingen sie mich zu langen Umwegen, um im Beisein dieses Mannes nicht auch noch von Freunden erkannt zu werden.

Früher verabschiedeten sie mich mit einem Kuss vor dem Kindergarten. Beinahe jeder Tag mit ihnen hatte etwas Nettes, selbst wenn sie Wände bekritzelten und die Wohnung mit Playmobil-Figuren übersäten. Wir hatten schöne Ferien, und es war aufregend zu beobachten, wie sie allmählich größer wurden und stolzer und Kraft bekamen und sich ausprobierten. Damals allerdings begannen wir auch schon zu ahnen, dass die Generation der neuen Eltern, also wir, die alles besser machen wollte, aber nicht genau wusste, wie das gehen sollte, gerade im Begriff war, sich durch das völlige Außerachtlassen von Erziehung eine bleischwere Zukunft aufzubauen.

Ich liebe meine Familie, aber manchmal verdunkelten sich die Bilder, sie rutschten regelrecht weg. Wenn wir uns Montagmorgens in der Redaktion die Familiengeschichten vom Wochenende erzählten, hatten wir Tränen in den

Augen, aber bestimmt nicht vor Dankbarkeit und Rührung. »Hat sich die Familie, am Ende einer Entwicklung von zigtausend Jahren, vielleicht selbst abgeschafft?«, fragte ich vorsorglich in einem Artikel für das SZ-Magazin. »Klammheimlich ist es anders geworden«, hatte ich notiert, »Kinder sind nicht mehr kindlich, Erwachsene werden nicht erwachsen. Väter sind von Geburt an dabei, aber Helden sind sie nicht mehr und ihr Wort kein Machtwort. Muttertiere, aufgewachsen mit der Psychoanalyse, feiern ihre kleinen Vampire wie Superstars. Kinder kennen jede Menge Schmutzwörter, aber ihre Sprache ist irgendwie clean geworden.

Wir haben uns bemüht, auf die Lebensäußerungen der Kinder nicht dauernd mit Verboten und Aggressionen zu reagieren. So steht es zumindest in einem Buch von 1968. Die Kids sollten ›eine gewisse Resistenz gegen repressives Verhalten Erwachsener‹ herstellen. Liebe Leute: Es ist eingetreten. Auch ohne Kommunen und Kinderkollektive. Sie haben keinen Respekt mehr vor irgend etwas. Sie sind rhetorisch geschult, haben immer das letzte Wort. Aber wo ist der unverdorbene, unschuldige Ausdruck in ihren Gesichtern, wie wir ihn noch hatten? Mammamia! Hilfe! Wir sind umzingelt von narzisstischen, hypermotorischen, hyperhysterischen, hyperaggressiven, hyperunbefriedigten und gefährlichen altklugen Unkindern. Unsere Kinder sind wie wir geworden, richtige Zombies.«

Der Artikel war witzig gemeint. Allerdings sind Witze dieser Art von der Wirklichkeit nicht widerlegt worden, leider. Meine eigenen Kinder halten mich heute für das Mitglied einer Sekte, weil ich an hohen Festtagen vorsichtig daran erinnere, ob es nicht eigentlich an der Zeit wäre, wieder einmal in die Kirche zu gehen. Jakob erklärt kategorisch, er wolle lieber Pferde bei »Sportscheck« pflegen als bei Messen dienen. Auf die Frage, was der Heilige Geist sei, antwortet er nach vielen Jahren Religionsunterricht: »eine Taube«. Paul fragt betont herausfordernd, was er denn vom Glauben haben könnte. Ob man denn damit auch einen besseren Job bekäme, oder so etwas? Auffälligerweise beginnt er sich stets dann an seine Gebete zu erinnern, wenn der Stern seiner schulischen Leistungen gefährlich zu sinken droht oder ihm eine bevorstehende Prüfung den Angstschweiß auf die Stirn treibt.

Natürlich, unsere Jungs sind nicht viel anders als andere Kinder. Ich befürchte sogar, dass sie mit dem Bodensatz an religiösem Wissen und Bewusstsein, den sie sich erhalten haben, beinahe schon zur spirituellen Elite dieses Landes zählen.

Niemand, nicht einmal Herbert Wehner, hätte sich vorstellen können, dass wir von dem, was wir einmal als den mächtigen christlichen Überbau bezeichnet haben, schon nach kürzester Zeit nur noch eine Ruinenlandschaft vorfinden würden. Dass es möglich sein könnte, innerhalb weniger Jahrzehnte auch noch das Wenige zu verlieren, was die Hitlerdiktatur von christlicher Kultur übriggelassen hatte oder was in den kargen Nachkriegsjahren mühsam wieder aufgebaut wurde. Gewiss, Deutschland ist kein heidnisches Land geworden. Der Code einer Kultur, die einmal alle Gesellschaften der westlichen Welt geformt hat, ist noch vorhanden. Es gibt reiche Landeskirchen. Es gibt eine beachtliche Anzahl christlicher Feiertage, die niemand missen möchte. Es gibt sogar Parteien, die sich christlich nennen. Das ganze Europäische Haus ist nach wie vor christlich möbliert und bespielt. Mit Tizian und Raffael, Bach und Mozart, mit André Gide und den Dramen von Shakespeare. Der Bischof einer Metropolitankirche in Deutschland freilich ist bereits ein einsamer Mann geworden. Man kennt und grüßt ihn noch – in den langen Fluren seiner erzbischöflichen Finanzkammer zur Verwaltung kirchlicher Liegenschaften. Aber wenn er sich in das Gedränge der Shoppingmeile wagt, die an seinem leeren Gotteshaus vorbei führt, wird man ihn eher für einen Straßenkünstler halten, als für den bestellten Hirten Gottes.

Wer genauer hinsieht, entdeckt eine ungeheure Spaltung, einen nahezu schizophrenen Zustand. Wir tun nur noch so als ob. Wir sind eine Als-ob-Gesellschaft geworden, die sich ihrer Herkunft schämt, ihre Identität relativiert, ihre Werte vergräbt und, belastet mit Selbstzweifel und Verwirrung, nur noch deshalb die Fassade aufrecht erhält, weil sie ahnt, dass dahinter die Substanz weggebrochen ist – und sich nichts mehr findet außer Schutt und Hohlheit wie auf einer Abrißhalde.

Aufgeweckte Journalisten benutzen in Kommentaren und Feuilletons neuerdings wieder Begriffe aus der Religion, aber wohl kaum aus Überzeugung, sondern als Stilmittel, um ihren schroffen Beiträgen einen verlogenen Glanz zu geben. Die Mehrzahl der Medien betrachtet religiöse Themen ohnehin nicht mehr als Herausforderung, sondern als Müllhalde für Gemeinplätze. Man bürstet nach dem Strich. Und es gilt nach wie vor als Ausdruck von Tapferkeit, auf einen Feind einzuschlagen, der ausgedroschen ist wie ein Sack von Stroh.

In den Buchhandlungen findet man noch immer geistliche Literatur – aber wie oft doch nur ganz hinten, einsam in einer Ecke, und auf einer Fläche im Regal, das gerade einmal der Länge von sechs Bleistiften entspricht. Selbst in Kirchen werden christliche Angebote zunehmend in die Ecke gedrängt. Messfeiern finden in den Seitenaltären statt, um die Schar der Touristen nicht stärker zu stören, als es unbedingt nötig ist.

Einmal beobachtete ich dabei eine rührende Szene. Als der Priester den Gottesdienst begann, fand er einen einzigen frommen Menschen in den Bänken seiner Kirche. Er ließ sich davon nicht beirren. Scharen von Pauschalurlaubern in kurzen Hosen zogen in der riesigen Kathedrale an ihm vorüber und beäugten seine Handlung aus dem Augenwinkel wie die Performance eines Verrückten. Der Priester bat den einzigen Frommen zum Altar, und tatsächlich verkündete dieser ganz ohne Zaudern in seiner Lesung das Evangelium. Eine groteske Situation. Ich vermute, sie ähnelt den Lebensverhältnissen der ersten Christen im alten Rom bereits stärker als einer gar nicht so weit zurückliegenden Epoche, die noch einen Heinrich Böll und einen Heinrich Albertz gekannt hat.

Christen stehen heute unter Generalverdacht. Während die liberale Gesellschaft ihre Grenzen immer weiter steckt und nicht mehr hinterfragt, was sie tut, wird Gläubigen heute jeder sündige Pfarrer zur Generalabrechnung vorgelegt. Es scheint nur noch eine Frage der Zeit zu sein, bis nicht nur im Kanzleramt, sondern auch in Rathäusern und Gerichtssälen die Kruzifixe abgehängt werden. Und nach dem derzeitigen Stimmungsbild wirken in Deutschland inzwischen sogar die Väter des Grundgesetzes, die Gott noch in die Präambel unserer Rechtsordnung aufnahmen, nicht anders als klein karierte Frömmler und hoffnungslose Sektierer.

Zum Teil zeigt diese Szenerie ein sehr deutsches Phänomen. In Italien ist es völlig normal, öffentlich religiöse Übungen zu pflegen. Ältere Frauen tragen einen Schleier, der ihnen einen Ausdruck von Würde verleiht und den Gottesdienst als heilige Handlung kennzeichnet. In den USA feiert der Präsident einmal im Jahr mit Millionen von Anhängern Christi ein »Nationales Gebetsfrühstück«. Wer Dinge wie Gott und Familie hier für dumm hält, wird erst gar nicht ernst genommen. Auf jeder Dollarnote ist noch immer der Wahlspruch »In God We Trust« aufgedruckt. Und es ist anzunehmen, dass damit weder ein Gott des Geldes, noch einer der vielen Buddha-Figuren oder gar der Affengott Haman aus dem Hinduismus gemeint ist. Hierzulande dagegen werden in Familien Tischgebete als peinlich empfunden und sorgsam vermieden, erst recht, wenn jemand zu Besuch kommt. Selbst in München beginnt man, sich christlicher Begrüßungsformeln zu schämen. Die traditionelle Anrede ist nicht mehr salonfähig, und das hergebrachte »Grüß Gott« weicht dem säkularen »Grüß Sie«, der Verneigung vor dem Menschen selbst.

Dass in einzelnen deutschen Städten die Zahl der Christen nicht mehr als drei Prozent beträgt, die Mitglieder aller Konfessionen zusammen genommen, ist womöglich noch nicht einmal das größte Problem. Immerhin rechnen sich rein formell noch fünfzig Millionen Menschen dieses Landes zu Mitgliedern der Volkskirchen. Aber selbst engagierte Christen beginnen, verschreckt durch Gespensterdebatten wie jener vom »Fluch des Christentums«, sich ihres Glaubens zu schämen und sich zu verstecken. Immer mehr Gläubige verlassen ihre Kirchen so wie Diebe in der Nacht, mit eingezogenem Kopf, als hätten sie soeben etwas sehr Unanständiges getan. Und zunehmend empfinden auch sie die echte christliche Überlieferung nicht nur als unverständlich und überholt, sondern mehr und mehr als grobe Zumutung.

Es ist schwer zu sagen, wann dieser Prozess seinen Anfang nahm. Vielleicht begann alles mit Hitler, vermutlich aber weit vor ihm. Und auch die Zerstörung des Wertes der Religion gehört zu den schrecklichen Kosten, die von den nachfolgenden Generationen bezahlt werden müssen. Für das, was schließlich die Bundesrepublik im letzten Drittel des vergangenen Jahrhunderts an gesellschaftlichem Umbruch erlebte, ist meine Heimatstadt Passau ein Paradebeispiel. Die neue Jugend- und Kulturbewegung war in den Sechzigern wie ein Heuschreckenschwarm aus heiterem Himmel über die Stadt hereingebrochen, und die betonharte Wand, die man dagegen aufbaute, die Reaktionen aus Bestrafung und Unterdrückung, hatte den Protest noch zusätzlich angeheizt. Für uns Junge schien alles wie verkrustet, und wir schrieen nach dem Aufbruch wie nach Luft zum Atmen.

Während ich darüber nachdenke, was wir bei den eigenen Kindern versäumt haben und was wohl aus ihnen werden wird, fällt mir jener Tag vor etwa dreißig Jahren ein, der zu den schönsten meines Lebens gehört. Wir waren so wunderbar jung und wild und kräftig, und es war eine gute Zeit, um einige Dinge anders zu machen. Es war einfach reif geworden, etwas zu tun, so wie es immer reif wird, etwas zu tun, wenn man spürt, dass etwas kräftig in die Schieflage gekommen ist. Es war ein grauer Vormittag, aber es regnete nicht. Ich war in dem Amt, das für den Austritt aus der Kirche zuständig ist, und dann lief ich die Treppe hinunter, holte ganz tief Luft, und ich hatte das Gefühl riesiger Erleichterung.

In meinem Aufwachsen hatte es keine falschen Nonnen oder verlogenen Priester gegeben, die Unheil angerichtet hätten. Ich war völlig unbeschädigt aus einer katholischen Kindheit herausgegangen. Im Gegenteil, ich hatte Freude daran und genoss es, etwas zu haben, von dem ich annahm, dass es nur mir gehörte. Und trotzdem hatte ich plötzlich das Gefühl, aus den Messgewändern herausgewachsen zu sein. Nicht nur das. Da war auch eine Geschichte, die plötzlich nicht mehr zu stimmen schien – und von einem Tag auf den anderen schloss sich der Glaube meiner Kindheit ein wie in einen Kokon. Mein Vermögen belief sich auf dreizehn oder fünfzehn Mark, das reichte für eine Dose Sülze in Aspik und möglicherweise für eine Flasche Rum, aus der man viele Grogs machen konnte. Ich lief über den Rathausplatz, riss meine Arme in die Luft und fühlte mich als der glücklichste Mensch der Welt.

Vielleicht war es, wie wir das damals nannten, die »Kumpanei der Kirche mit dem imperialistischen System«, gegen die ich mich nun stellen wollte. Vielleicht war es das Verbot der Antibaby-Pille oder sonst ein anderes Verbot. Instinktiv spürten wir auch, dass die Kirche nicht aus ihren Zwängen herausgefunden hatte und sich nicht der Welt entgegenstellte, so wie Christus das gefordert hatte. Sie war keine treibende Kraft mehr, sondern nur noch ein restriktives Element, ein Vasall des Establishments. Und sie verkörperte genau das, was einer antiautoritären, libidinösen Lebensform entgegenstand. Die Kirche bot die beste Angriffsfläche von allen, riesig wie eine Großleinwand. Würde es dieses Feindbild nicht gegeben haben, wir hätten es mit Sicherheit erfunden.

Für uns war alles, was bislang als gewiss und unumstößlich galt, fraglich geworden. Alle Tradition wirkte verstaubt und abgestanden. Jede Regel und jede Rolle hatte etwas Verdächtiges, geradezu Abstoßendes an sich. Was die Religion betraf, dieses Opium fürs Volk, so war ihre Berechtigung, wenn es denn jemals eine gegeben hatte, nun endgültig abgelaufen. Dass es einen Gott gibt, dass er einen Sohn hat, und dass Gott diesen Sohn geschickt hat, um die Menschheit zu erlösen, all das klang in unseren Ohren bald nur noch wie die Verkündung eines schier Wahnsinnigen.

Na ja, wenn es nötig war, pilgerte ich auch weiterhin die himmellange Wallfahrtsstiege nach Mariahilf hinauf. Das war ein Überbleibsel aus früheren Zeiten, eine Rückversicherung, weil mir die Stiege immer Glück gebracht hatte. Eines Tages jedoch mietete ich einen billigen Laden an und malte mit weißer Farbe die Buchstaben »Join« ans Schaufenster. Ich gab Öffnungszeiten für Komitees an, die ich zu gründen beabsichtigte – und damals musste man nicht lange warten, bis sich Gleichgesinnte meldeten, die sich einer viel versprechenden neuen Bewegung anschließen wollten. Aufgeschlossene Mütter schickten ihre hübschen Töchter in unsere Meetings. Progressive Mädchen fanden es attraktiv, dass wir in unserer Kommune-Wohnung so wenig auf Ordnung hielten, und wir bekamen häufig Besuch. Das Schöne war, wir hatten die Zärtlichkeit entdeckt, und das konnte uns niemand mehr nehmen.

Von den Aposteln, die sich Jesus aussuchte, gehörte mindestens die Hälfte dem extrem linken Lager an. Ich will keinesfalls eine Parallele herstellen, denn ich weiß nicht, wie die Verhältnisse am See Genezareth waren. In einer Stadt wie Passau jedenfalls konnte man als junger Mensch nur links sein. Wir klebten wild Plakate, aber wir beschmierten keine Hauswände. Die Dinge, für die wir kämpften, konnten, etwas grob gesprochen, im Grunde ja auch aus der Bergpredigt stammen. Love and peace, und nichts anderes.

Die Metamorphose der großen Kulturrevolution begann schleichend. Zunächst ließ man sich die Haare wachsen. Allmählich zog man sich andere Klamotten an. Die ersten Jeans von Levis für 24 Mark, Hosen mit Schlag und taillierte bunte Hemden. Mit vierzehn kaufte man sich seinen ersten »Spiegel«. Und dann kam die Musik. Diese ganz neue, laute, aber auch so sehnsuchtsvolle Musik von Led Zeppelin, Jimi Hendrix, den Doors und vielen anderen, die genauso dachten und fühlten wie wir.

Man stritt sich immer häufiger mit Zuhause. Zunächst über Haare und Klamotten, später über veraltete Ansichten, schließlich über das schreckliche Versagen dieser Menschen. Unsere Eltern waren durch Nazis und Krieg um ihre Jugend gebracht worden und hatten zu schuften, um wieder auf die Beine zu kommen. In unserer maßlosen Selbstgerechtigkeit erschien uns jedoch die gesamte Generation als korrumpiert und verachtenswürdig. Hitlers Helfer. Und nach dem Mord an Juden und Nachbarvölkern waren sie nicht geläutert worden, sondern beschränkten sich auf den Aufbau biederen Wohlstands. Wenn sie alle zwei Wochen zum Kegeln gingen, war das der Exzess an Lebenslust.

Uns war Wohlstand egal. Wir hatten ihn ja, und zur Not gab es Bafög. Wir wollten mehr. Nicht mehr an Konsum. Den ja gerade nicht. Wir liebten die Anti-Mode, das Unkonventionelle, das Aufbegehren gegen jegliche Vorgabe und Gängelung. Aber wir konnten dabei schlecht unterscheiden, was man behalten sollte und was nicht. Das Teuflische an den Nazis bestand eben darin, wertvolle Begriffe und wichtige Traditionen missbraucht zu haben, um sie auf Generationen hinaus unbrauchbar zu machen wie Fahrzeuge, in deren Tanks man Zucker gekippt hat. Für uns war Moral schlechthin verdächtig und verlogen. Begriffe wie Sitte, Ordnung und Disziplin hatten nur mit Angst, Spießigkeit und gemeinen Verboten zu tun. Dass man angesichts der Stammtischwelt der Bierdümpfel von Drogen träumte, die einen fröhlich und leicht machen könnten, geeignet für Festivals unter freiem Himmel, war da nur konsequent.

Die Korrektur einer Welt, die falsch und verlogen war, erschien uns nachgerade als geschichtliche Notwendigkeit. Im Grunde war die gesamte Gesellschaftsordnung eine Zumutung. Warum sollte die Erde nur einigen Reichen gehören? Wieso durften die einen die Arbeit der anderen ausbeuten – und sie auch noch verhöhnen, indem sie ihre brutale Macht und ihren unverschämten Luxus offen zur Schau stellten? Waren sie die besseren Menschen? Warum wurden Andersdenkende verfolgt? Warum hatten Frauen weniger Rechte als Männer? Warum gab es in dieser Welt noch immer Krieg, Kolonialismus und Rassenunterschiede? Hatte Marx nicht Recht, als er die Aufhebung der Klassengesellschaft und die Gleichheit aller forderte? Jeder nach seiner Befähigung, jedem nach seinen Bedürfnissen – eine paradiesische Vorstellung.

In der Anfangszeit träumten wir von leichten, langen und durchsichtigen Gewändern – und von Jesuslatschen, mit denen man über Wasser und Wolken schweben konnte. Wir wollten alles anders machen, und alles besser:

Bessere Musik: Velvet Underground und Bob Dylan statt Heino und Blasmusik. *Bessere Wohnungen*: Matratzenlager statt Ehebetten mit Liebestöter. *Bessere Filme*: »Casablanca« statt »Förster vom Silberwald«. *Bessere Jobs*: Streetworker statt Verkäuferin. *Bessere Ferien*: griechische Inseln statt Vierwaldstätter See. *Besseres Essen*: Pizza und Chianti statt Sauerbraten und Amseltropfen. *Bessere Autos*: Ente und R4 statt DKW und Borgward. *Bessere Haare*: lange Locken statt Dauerwelle und Halbglatzen. *Bessere Drinks*: Coca Cola statt Radler. *Bessere Zigaretten*: Rothändle und Gitanes statt Mokri und HB. *Bessere Mädchen*: psychedelische Engel ohne BH's statt brave Töchter aus der Tanzschule. *Bessere Klamotten*: Jeans statt Trevira-Hosen. *Bessere Schulen*: Summerhill ohne Notenstress statt Zuchtanstalten mit Lehrern aus der Nazizeit. *Bessere Kindererziehung*: Laisser-faire statt autoritäre Bevormundung. *Besseren Sex*: zärtliches Vorspiel statt Missionarsstellung im Dunkeln. *Bessere Religion*: Nirwana und Räucherstäbchen statt Fronleichnam und Betschwestern.

Ein wohlmeinender Lehrer drückte mir eines Tages eine dicke Schwarte mit dem Titel »Am Anfang starb Genosse Kirow« in die Hand, ein Buch über die stalinistischen Schauprozesse in der Sowjetunion. Selbstverständlich wurde derartige Feindpropaganda in die nächste Ecke geschleudert. Wir waren jung, auf der richtigen Seite und im übrigen stets völlig im Recht. Und wir gedachten, es auch bis zum Ende unserer Tage zu bleiben. Es ist ein interessantes Phänomen, dass Politiker dieser Generation und Couleur noch heute recht leichtfüßig über den Dingen schweben, auch wenn sie, was ihr Körpervolumen anbetrifft, inzwischen durchaus zu den Schwergewichten zählen.

Als irgendwann einmal Kommunisten von außerhalb auf uns aufmerksam wurden, ging Flowerpower langsam zu Ende. Alles wurde nun genauso ernsthaft und schwer wie die deutsche Revolution, die wir vor uns sahen. Schließlich galt es, die Diktatur des Proletariats vorzubereiten und zuvor schon einmal die Unterordnung des Einzelnen unter einen so genannten »Demokratischen Zentralismus« durchzusetzen.

Zunächst mussten die langen Haare ab zugunsten eines proletarischen Looks, was nicht nur recht ärmlich aussah, sondern jenen entgegenkam, die stolz auf Fingernägel waren, die vor Druckerschwärze starrten. Fernsehen galt als bourgeoises Übel. Und statt Woodstock und Janis Joplin gab es nun Klampfen mit Kampfmusik. Später kamen gottlob einige Platten aus Chile auf den Markt, die einen besseren Rhythmus hatten. Wir gründeten Betriebszeitungen und fuhren zu Schulungen über Land, um gutmütigen Lehrlingen etwas von »Lohnarbeit und Kapital« zu erzählen. Im Grunde war jeder ein kleiner Robbespiere oder Danton, zumindest ein Jakobiner, der für die gerechte Sache auf die Barrikaden ging.

Der Besitz einer kleinen Druckerpresse half uns, und wir machten uns bemerkbar. Zu allen Gelegenheiten bepflasterten wir die Stadt mit Kampfparolen. Niemand war dankbar dafür. Beim 1.-Mai-Umzug mussten wir mit unseren schönen roten Fahnen und mit den wenigen Vorzeige-Proleten, die wir in einer Art Demo-Tourismus eiligst von Stadt zu Stadt karrten, hinten marschieren. Um unserem Spuk ein Ende zu bereiten, wurde schließlich die ganze Kundgebung von der Straße ins Bierzelt verlegt. Wir waren nicht enttäuscht, von niemandem. Wir waren nur immerzu aufs Neue bestätigt.

Die Wohnungen der Genossen sahen aus, wie man sich eine Bude von Revolutionären eben so vorstellte. Beherrschendes Element waren die Obstkisten-Regale, in die man Lenin-Ausgaben des Aufbau-Verlages aus Ost-Berlin aufreihte. Und wo keine Obstkisten waren, nahm man Ziegelsteine und Bretter, die man sich von Baustellen zusammenholte. Ohne Bezahlung, selbstverständlich. Man nahm ja von den Reichen. Seltsamerweise hatten die Konterfeis von Marx und Lenin, mit denen wir unsere Wände schmückten, leichte Schlitzaugen. Aber die Bilder kamen schließlich aus China, wobei uns der Aufdruck »VR«, Volksrepublik, schon vor Ehrfurcht erstarren ließ.

Wenn wir Flugblätter und Artikel für die roten Schüler- und Arbeiterzeitungen schrieben, schloss jeder Beitrag mit den unvermeidlichen Losungen: »Nieder mit…« und »Kampf dem …« und »Für ein …« Es folgte noch ein »Venceremos, wir werden siegen«. Das war ganz praktisch, denn damit war stets alles gesagt. Nicht auszudenken freilich, wenn wir wirklich gesiegt hätten. Vielleicht wäre es nicht unbedingt eine Diktatur nach chinesischem Muster geworden, aber eine Herrschaft unter der Aufsicht gestrenger Politkommissare, wo es nichts zu lachen gäbe, stand mit Sicherheit schon im Programm.

Ich habe mich mit den Jahren schließlich von den kommunistischen Idealen entfernt, und meine Genossen machten mir den Abschied leicht, indem sie mich einer

Art Umerziehung unterziehen wollten, einer Übung aus dem Handbuch des Stalinismus. Ich hatte genug, und nach meinem Weggang brach die Gruppe auseinander. Immerhin, wir waren keine Terroristen. Wir engagierten uns für eine gerechtere, bessere Gesellschaft, und die Skandale und Missstände, die wir aufdeckten, bekämpften wir im Dienst der Demokratie, die solche Skandale ganz einfach nicht vorsah.

Sehr früh allerdings begannen die Verhältnisse in Passau auf eine unsympathische Art ernst zu werden. Nachts druckten wir Flugblätter, und wenn wir sie frühmorgens vor den Fabriktoren verteilen wollten, wartete die Polizei auf uns. Eltern wurden am Arbeitsplatz eingeschüchtert, Wohnungen durchsucht und Druckmaschinen beschlagnahmt. Festnahmen, Verhöre, Prozesse, Gefängnis. Das ganze Programm. Zuerst flog ich von der Schule, dann aus dem Lehrvertrag. Interveniert hatte in diesem Falle nicht das »Kapital«, sondern ein örtlicher Gewerkschaftsboss. Er war der Überzeugung, dass »solche Leute in unserer Stadt nichts verloren haben.«

1976 gründete ich eine liberale Wochenzeitung. Wir kümmerten uns um Bürgerinitiativen, kämpften gegen die rechte Monopolpresse an und brachten insgesamt die Verhältnisse ein wenig in Aufruhr. »Gegenöffentlichkeit« nannte man so ein Projekt. Es wurde nicht initiiert, um Geld zu verdienen, sondern, völlig unverständlich für heutiges Denken, weil es etwas zu sagen und zu tun gab. Mit dem Zeitungsprojekt jedoch begann dasselbe Spiel: Verfolgung, Intrigen und der permanente Versuch, uns vor Gericht zu zerren. Unsere Druckereien druckten nicht nur, sie wurden selbst unter Druck gesetzt und kündigten alsbald den Auftrag. Anzeigenkunden wurden bedroht, Fernsehbeiträge wieder aus dem Programm genommen. Es war kein Bürgerkrieg in Passau, aber im Nachhinein sieht man, dass die Jagdszenen nicht eingebildet waren. In einer späteren Verfilmung von Rainer Kunzes Buch »Die wunderbaren Jahre« über die Verfolgung in der DDR kamen mir die Verhältnisse irgendwie bekannt vor, nur dass bei uns die Polizisten andere Uniformen trugen.

Als ich viele Jahre später eines abends im Wallfahrtsort Altötting Station machte, wurde ich unmittelbar an die Geschichten von früher erinnert. Es war kalt, und ich ging über den großen Platz in die Gnadenkapelle. Überall brannten Kerzen, und es war ein wenig düster. Altötting ist die Stadt der Frauen und der Frommen und immer für eine Begegnung gut. Zuerst ist man ein wenig fremd und distanziert, aber es waren sehr zärtliche Gesänge, die erklangen: »Zu Dir seufzen wir trauernd und weinend in diesem Tal der Tränen.« Und merkwürdig, ich konnte die Frauen plötzlich ganz gut verstehen. Das war auf eine eigene Art sehr wahr, sehr schön, und es hatte den Schlüssel, einen wirklich im Herzen zu rühren und Gefühle des Glücks freizusetzen. Du bist nicht alleine, sagten diese Gefühle. Da ist jemand mit dir, der dich kennt. Er mag dich. Und wenn es wirklich hart auf hart kommt, steht er dir zuverlässig zur Seite. Ich hatte den Eindruck, da ist eine Sprache, die den Menschen nicht nur unmittelbar an seinen schwachen Stellen trifft, sondern sie zugleich auch, wie man so sagt, salbt.

Ich hatte in Passau gut ausgeteilt, aber ich musste auch gut einstecken. Nicht gesellschaftsfähig. Dass man darunter auch zu leiden hatte, spürt man erst viel später.

Einmal freilich gab es jemanden, der sich an den Ausgrenzungen nicht beteiligen wollte. Bei einem Empfang zu den Festspielen geht dieser Mann demonstrativ, vor all den feinen Gästen in Smoking und Abendkleid, hin zu jenem und tut, was man tun muss: er streckt die Hand aus. Vielleicht gibt es nicht viele, die fähig sind zu einer solchen Geste. Und vielleicht sogar hat in dieser Minute in dieser Stadt ein einzelner Mensch mit dieser einzigen Geste jemanden für die Kirche gerettet, ein guter Hirte eben.

Ich saß in Altötting in der dunklen Kapelle und war ganz versunken in Erinnerungen. Irgendwann tauchte ein Kapuziner auf, um mit den Gläubigen einen Rosenkranz zu beten. Vor Beginn des Gebetes allerdings faltete der Pater die Hände, trat verlegen von einem Bein auf das andere, und meinte schließlich, er habe eine traurige Nachricht zu verkünden. Ich wusste, was er sagen würde, und bei seinen ersten Worten liefen mir, ob ich wollte oder nicht, Tränen aus den Augen. Vor wenigen Stunden, sagte er, ist Altbischof Antonius von Passau in das Reich der Ewigkeit heimgegangen.

Die Stadt Passau hatte mich ausgespuckt, ich musste weg, und ich bekam gottlob auch die Chance dazu. Meine letzten Monate verbrachte ich im Stadtarchiv. Ich hatte mir vorgenommen, am Beispiel Passaus ein Buch über jene glorreiche »Stunde Null« im Mai 1945 zu schreiben, die einmal ein so verheißungsvoller Anfang war für ein freiheitliches, demokratisches Deutschland, eine neue Heimat, von der ich noch immer träumte. Die Archivare halfen mir, so gut sie konnten. Sie schleppten Berge von Akten heran und ließen mich sogar meinen eigenen Fotokopierer aufstellen. Ich saß irgendwo in einem Gewölbe an einem wurmstichigen Tisch, vergaß die Mittagspausen und konnte mich nicht satt lesen an diesem wunderbaren Material. Ein Satz, den ich in den verstaubten Unterlagen gefunden hatte, faszinierte mich besonders. Ein farbiger US-Soldat hatte ihn ausgesprochen, als er die Passauer Bevölkerung nach dem Sieg über die Nazis mit einem breiten, gutmütigen Lächeln in seinem Gesicht begrüßte. Vielleicht ahnte er sogar, dass er damit im Grunde eine ganze Welt-Formel weitergab. »Grüß Gott«, sagte der Fremde, »Grüß Gott, ihr seid frei.«

5

Was ist passiert?

Für meine Frau und die Kinder gehen die Ferien zu Ende. Am Morgen, als ich sie zum Hafen brachte, stieg über einer der Nachbarinseln eine blutrote Sonne auf, und als wir uns an der Fähre verabschiedeten, machten die ersten Tavernenbesitzer ihre Gehsteige sauber.

Gestern schwammen wir noch einmal gemeinsam weit in die Bucht hinaus. Wir genossen das smaragdgrüne Wasser und den hellen Sand am Grund, und wenn der Boden des Meeres dunkel wurde, kraulte ich mit kräftigen Bewegungen schnell drüber hinweg. Abends waren wir in dem Fischerdorf. Das Mädchen mit dem kahl rasierten Kopf und den Tätowierungen, das wir am Vortag beobachten konnten, wie sie einer Schlange die Haut abzog, arbeitete jetzt als Bedienung und servierte uns griechischen Salat. Ich hatte gehofft, sie würde etwas mehr Schafskäse dazugeben, aber ich hatte mich getäuscht. Nur die Oliven waren dieses Mal größer, und sie schmeckten ausgezeichnet.

Die Stühle der Taverne waren blau gestrichen. Auch die Fischerboote waren blau, ebenso die Blumentöpfe und die Tische und das Wasser zu unseren Füßen, was alles zusammen einen fabelhaften Eindruck machte. Jemand hatte Barmusik aufgelegt, und wir genossen jeden Bissen und jeden Schluck Wein. Als wir im Mondschein den kleinen

Pfad nach Hause entlang spazierten, war ich ziemlich gut gelaunt. Gott meint es gut mit mir, dachte ich, aber ich freute mich auch auf eine Zeit, in der ich einfach wieder etwas schreiben konnte, was einmal nichts mit Religion zu tun hatte.

Auch das ist ein Geheimnis: Sobald die Familie weg ist, fängt man an, sie aus tiefstem Herzen zu lieben. Mir fehlt es, abends gemeinsam unter einer Decke zu liegen und vor dem Einschlafen noch einige Seiten in einem Buch zu lesen. Mir fehlt sogar das Gezänk mit meinen Söhnen. Seit sie fort sind, ist es einsam geworden und die Behaglichkeit ist verschwunden. Ruhe kann sehr schön sein, aber manchmal auch ganz trostlos.

Ich musste an früher denken, an eine Zeit, die für meine Kinder nun fast schon so weit weg ist wie Napoleon und Dschingis Khan. Als ich ein Kind war, stapfte ich in den Tagen vor Weihnachten durch den Schnee, um als Ministrant früh am morgen in unserer Dorfkapelle die Kerzen anzuzünden. Der Weg war so finster, dass ich Angst vor meinem eigenen Schatten bekam. Wir hatten damals eine ziemlich genaue Vorstellung von Gut und Böse, und niemand kam auf die Idee, die vielfältigen Riten, Gebräuche und Symbole, die einem eine Ordnung in der Welt zeigten, in Frage zu stellen. Kommunion und Firmung waren unangenehm, aber das lag an den viel zu kurzen Hosen, die man von den älteren Geschwistern aufzutragen hatte. Einmal im Monat musste die Klasse geschlossen zur Beichte marschieren. In diesen seltsamen Kasten, der wie eine Waschmaschine aussah und einen auch tatsächlich irgendwie reinigte. Nichtkatholiken werden die barmherzige Seite dieser Einrichtung nie begreifen können. Für uns war sie auch eine Möglichkeit, mit Mädchen ins Gespräch zu kommen und den vorhandenen Sünden noch schnell eine weitere hinzuzufügen.

In meiner Heimat war der Mystizismus Bestandteil der Luft, die man atmete. Katholizismus war nicht das Mindere oder etwa Überstiegene, sondern das Vernünftige und Normale. Dass es Protestanten gab, lag an der irrigen Meinung einiger weniger, die ihren Weg seit 500 Jahren zu beweisen suchten, aber damit nicht recht vorwärts kamen. Wir wurden nicht erzogen wie Koran- oder Jeschiwa-Schüler. Merkwürdig nur, dass nach den diabolischsten Verbrechen der Geschichte es niemand für nötig hielt, den Glauben nun so richtig wetterfest zu machen. Dass eine neue heidnische Welle hereinbrechen könnte, um kaputt zu machen, was die Nazis übrig gelassen hatten, galt freilich als undenkbar.

Für uns Kinder immerhin schufen alle Bilder, die es gab, die Schutzengel am Bett, die zarten Jesus-Gemälde im nazarenischen Stil, die Fleißbildchen mit den Heiligen, eine Atmosphäre, in der es nicht schwer war, seinen Gott zu finden. Unser Glaube hatte nichts mit Hexenbesen und Kobolden zu tun, sondern mit einer Welt an Heiligkeit, die immer mystisch, aber zugleich auch ganz real war und sich bei Bedarf wie durch einen Lichtstrahl mit der Wirklichkeit verbinden konnte.

Eines der größten Rätsel war für mich die Geschichte mit der Arche Noah. In ihr lag eine faszinierende Symbolik. Ich überlegte, warum Gott befahl, je sieben Stück von den reinen Tieren mitzunehmen. Warum exakt nach sieben Tagen das Wasser der Flut kam. Warum es vierzig Tage und Nächte lang aus den Quellen der Urflut goss.

Warum die Arche sieben Monate auf dem Gebirge Ararat ruhte. Warum nach vierzig Tagen Noah das Fenster auftat und einen Raben und eine Taube fliegen ließ, um zu sehen ob der Wasserspiegel auf der Erdoberfläche gesunken sei. Und warum die Vögel nach genau weiteren sieben Tagen zurückkamen, mit einem frischen Ölblatt in ihrem Schnabel. Ob diese Geschichte der Wahrheit entsprach, war für mich nicht das Thema. Ich konnte einfach nur nicht begreifen, warum die Menschen, trotz der eindringlichsten Warnungen, nicht eingestiegen waren in die Arche und den guten alten Mann sogar noch ausgelacht hatten.

Besonders interessant fand ich, wenn jemand gestorben war. Der Pfarrer holte uns aus der Schule heraus, und alsbald zogen wir Ministranten sehr zufrieden und grinsend mit Kruzifix und Trauergemeinde an den Fenstern der Klassenkameraden vorbei, die da büffeln mussten. Als meine Großmutter beerdigt wurde, trafen sich die Frauen des Dorfes zum Rosenkranzgebet. Die Litanei habe ich nicht genau verstanden, aber ihre gleichförmigen Wellen, soviel begriff ich doch, bedeuteten, dass die Überwindung des Leidens durch das Leid geschah. Eine unpopuläre Vorstellung, schon damals. Aber wir hatten das Glück, diese Geheimnisse als Geschenk, als eine Erbschaft einfach so mitnehmen zu können.

Wir bekamen nicht nur Unterricht in Werten, die uns lebenstüchtig machen sollten, es gab gewissermaßen auch ein Fenster mit Aussicht, das man uns zeigte. Der Himmel unserer Rokoko- und Barockkirchen hatte nichts Bedrückendes, er war hell und hoch, und der Seelenfriede eines Menschen konnte auch darin bestehen, den Herrgott einmal einen guten Mann sein zu lassen. In Bayern ist die

Bindung an das Einfache, das normal-menschliche Maß noch immer die Grundlinie, und die Sehnsucht nach dem Heiligen ist wohl das eigentliche Geheimnis dieses Landes. Da ist es dann auch kein Widerspruch, wenn neben der Wallfahrtskirche gleich ein Biergarten liegt. Manche finden das verlogen und falsch. Wir nennen das noch immer: beten und arbeiten. Für uns Kinder jedenfalls hatte der Aufzug der Kirche etwas ganz Wunderbares. Die Gewänder, die Gerüche und Zeremonien. Die seltsam tiefen Lieder. Wir hatten großen Respekt und so etwas wie eine heilige Scheu vor diesen Dingen.

Im Leben meiner Großeltern, das ich als Kind noch mitbekam, war der Alltag vielfach geprägt vom benediktinischen Lebensstil, der Europa groß gemacht hatte. Das war keine gerechtere Gesellschaft als die heutige. Im Blick auf die sozialen und politischen Verhältnisse jener Zeit verbietet sich jede Verklärung. In der Rückschau freilich tauchen einige Dinge auf, die bemerkenswert erscheinen. Dass man nichts wegwarf zum Beispiel, wenn man es noch gebrauchen konnte, musste nicht mühsam in der Schule einstudiert werden. Der Umgang mit allen Ressourcen war diszipliniert und auf Wertbeständigkeit bedacht. Der Mensch sah sich eingebettet in einen großen Kreislauf, den er nicht kaputt machen durfte, sah die Schöpfung und sah sich selbst als Geschöpf. Und wenn meine Großmutter von Gott sprach, dann von jemandem, dem man auch, wie sie es nannte, »die Ehre antun« sollte. Tugenden wie Ordnung, Fleiß und Genügsamkeit, die eigentlich nicht genuin deutsch sind, sondern von den Missionaren Benedikts aus Italien mitgebracht worden waren und in Germanien nur auf besonders fruchtbaren Boden fielen, wurden peinlichst genau beachtet, weil sie einfach erprobt waren, und weil man wusste, dass man nichts hinzugewinnt, wenn man sie verliert.

Meine Großeltern sind noch nicht sehr lange tot. Bei einer Spazierfahrt durch die Moderne freilich würden sie sich fragen, ob das wirklich derselbe Planet ist, auf dem sie gelebt haben. Der Alltag von früher war hart und entbehrungsreich, oft genug armselig. Natürlich wäre mein Großvater heute begeistert darüber, dass man via Satellit zu jeder Zeit zu jedem Ort der Welt eine Verbindung herstellen kann. Die Möglichkeit, per Internet Socken zu bestellen und Briefe als E-mails zu versenden, fände er unübertrefflich. Aber er würde fragen, ob denn die vielen negativen Bilder, mit denen wir uns umgeben, uns nicht auch insgesamt negativer machen. Über den Rausch der Aktien, der zur Sucht wird und die Freiheit kostet, weil wir bereits beim Frühstücksfernsehen neueste Kursentwicklungen verfolgen, würde er den Kopf schütteln. »Warum wachsen so viele Kinder alleine auf und müssen an den Wochenenden hin und her transportiert werden wie Stückgut auf der Bahn«, höre ich ihn sagen. »Warum gehen Frauen in ein Büro, eine Fabrik oder irgendwohin arbeiten, um jeden Abend nur kaputt ins Bett zu fallen und das ganze hinzuverdiente Geld für polnische Kindermädchen auszugeben, die mit den Kleinen nicht zurechtkommen?«

Ich müsste ihm antworten, dass er das eben nicht mehr verstehen könne, weil Grundeinsichten der Menschheit, die für viele Generationen geholten haben, uns heute einfach falsch erscheinen. Es habe sich ein ganz anderes Denken breit gemacht. Wir strebten heutzutage eben an, in möglichst kurzer Zeit so weit wie möglich vorwärts zu kommen und genug zu genießen, weil es sonst zu spät und hinterher ohnehin alles egal sei. Einiges auf dieser Welt habe sich ziemlich verändert. Und wenn er mich fragend ansähe, würde ich meinem Großvater erzählen müssen, dass es jetzt in einzelnen Ländern möglich sei, sich töten zu lassen. Und dass viele Kinder ihre Eltern nie zu Gesicht bekommen, da sie von so genannten Samenspendern abstammten. Und dass die kleinen Schäfchen, wie er sie früher in seinem Stall hatte, und natürlich auch die Rinder und Schweine, nun so produziert werden können, dass sie alle gleich aussehen. Und dass es bald vielleicht auch Menschen gebe, die alle gleich aussehen… Aber wahrscheinlich würde ich irgendwann aufhören zu reden, weil ich mir ein wenig komisch vorkäme. So, als erzählte ich etwas, was im Grund gar nicht wahr sein kann. Und mein Großvater würde denken, ich machte mir einen Spaß mit ihm.

Ich sehe ihn vor mir, den großen, hageren Mann, mit seiner herabhängenden Pfeife. Und er würde nur immer wieder mit dem Kopf schütteln und ab und zu grummeln, so in der Art »hm, hm,« und dann würde er eine Frage stellen, die so radikal ist und so pfeilscharf die Sache auf den Punkt bringt, dass sie eigentlich schon lange niemand mehr zu stellen wagt. Er würde sagen: »Ja, haben denn die Leute gar keinen Glauben mehr?«

Mein Austritt aus der Kirche war ein politischer Akt. Gott hatte mich einfach nicht mehr interessiert, und dass Glaube als Skandal gemeint sein könnte, als eine ungeheure Provokation gegen die herrschenden Verhältnisse, wäre niemanden von uns auch nur im Traum eingefallen. Wir waren mehr und mehr in eine andere Bahn getreten. Wir hatten eine andere Brille aufgesetzt. Und plötzlich sahen wir die Wirklichkeit nicht mehr in hellen, sondern in dunklen und schemenhaften Aufnahmen, ähnlich wie auf einem Zelluloidstreifen, als Negativabbild.

Heute lese ich die Verlautbarungen des Papstes, weil sein Denken so anders ist und Verbindungen schafft, die ein aktuelles Problem in einen überzeitlichen Zusammenhang bringen. In der Zeit unserer Revolte freilich waren Leute, die sich am Heiligen Stuhl zu Rom orientierten, völlig indiskutabel. Der Katholizismus als Lebensform stand gänzlich außerhalb unseres Gesichtsfeldes. Wir hatten längst vergessen, was damit verbunden ist. Was heißt es eigentlich, Christ zu sein? Was ist die Substanz, was sind die Inhalte dieses Glaubens? Niemand wusste es, und niemanden interessierte es. Wir wollten nur noch Ballast abwerfen, um in höchsten Sphären endlich schwerelos schweben zu können. Ohne die manchmal sehr lästigen Gewichte für die Bodenhaftung. Natürlich träumten wir weiter vom Paradies. Von unserem Himmelreich sahen wir ja bereits die Baustellen. Namentlich in Staaten wie China, Albanien und, das klingt inzwischen reichlich wahnwitzig, sogar in Rumänien.

Roger Schutz, der Gründer der Gemeinschaft von Taizé, meinte einmal: »Um die siebziger Jahre setzte im Westen eine Zerrüttung der geistlichen Werte ein, und Leere griff um sich.« Vielleicht ist das besonders steil ausgedrückt. Dennoch kommt die Abschaffung großer Errungenschaften unserer Tradition, die wir betrieben haben, einem Nuklearschlag gegen das Geistliche gleich. Einem vernichtenden Schlag auch gegen die abendländisch-christliche Kultur.

Merkwürdig, noch niemand hat diesen Prozess genauer untersucht. Viele unserer heutigen Irrungen jedenfalls haben hier ihren Ursprung. Und in Deutschland, mit seinem ausgeprägten christlichen Schisma, der Diskreditierung jeglicher Autorität, der Spaltung der Familien als Ergebnis von Hitler-Faschismus und Holocaust, waren die Detonationswellen des Kulturkampfes heftiger als anderswo. Damals allerdings war den wenigsten von uns klar, dass wir im Sturm und Drang auch die Fundamente jener Häuser unterhöhlten, in die man ja später, wenn der Sommer vorbei war und die Nächte am Strand zu kalt wurden, wieder einziehen wollte. »Macht kaputt, was euch kaputt macht«, mag eine pfiffige Parole gewesen sein, ein Zukunftskonzept war es nicht.

Viele sind bedächtiger geworden, zumindest zeitweise. Als die Türme von New York zerstört wurden, das Symbol für die Werte der westlichen Zivilisation, scheint eine Urerinnerung der Menschheit wach gerufen worden zu sein. Sie kommt immer dann, wenn wir das Gefühl haben, es sei etwas zu monströs, zu hochfahrend in den Himmel gewachsen. Tatsächlich wurde über Nacht, wie durch einen Blitz grell erleuchtet, wieder auch der gefährdete und gefallene, der herab fallende Mensch sichtbar. Jener Passagier auf der Titanic, der vom höchsten Punkt seiner Erhebung in die Eiseskälte stürzt, rettungslos verloren.

Es sind keine apokalyptischen Einbrüche von außen, es ist die Art unseres Lebens selbst, welche die Zivilisation an den Abgrund bringt, angefangen von den Skandalen durch BSE, über die Lockrufe des Goldes an den Märkten der New Economy, bis hin zu den Genmanipulationen in den Labors und den Nieder-Schlägen aus heiterem Himmel, die ganze Landschaften wegspülen. Was auf Sand gebaut ist, rutscht weg. Götterdämmerung. Der Begriff »Klimakatastrophe« ist zum Signum der Gegenwart geworden – für die Krisen der Erziehung, der Bildung, der Politik, der Wirtschaft, der Gesundheit, der Beziehungen … Vielleicht noch auf einen kurzen Absacker, aber dann heißt es: nach Hause. Aufräumen? Ja, muss wohl. Das Projekt der Moderne, so dämmert's, ist endgültig gescheitert.

6

Partys mit Weißwein

Gestern Mittag musste auch ich Alonissos verlassen. Die Mietzeit für das Haus in der Bucht war abgelaufen, und wie immer entwickelte sich meine Suche nach einer Unterkunft zu einer Katastrophe.

Zunächst quartierte ich mich in einen alten Turm auf einer Nachbarinsel ein. Der Weg dorthin war steil, die Aussicht großartig, aber der Gedanke an die bevorstehende Einsamkeit der Nacht hatte mir Magenschmerzen bereitet. In dem Hotel, das ich schließlich fand, gab es sogar einen kleinen Tisch zum Arbeiten, nur leider hatte man vergessen, mich auf die Hochzeiten hinzuweisen, die hier stattzufinden pflegen.

Was soll man machen? Ich nahm einen Drink und beobachtete von der Bar aus die Gäste an den langen Tischen, die um einen beleuchteten Pool herum platziert waren. Kellner schleppten auf riesigen Tabletts Essen und Trinken heran, aber niemand bewegte auch nur einen Finger, nicht einmal, als die Musik mit ihrem griechischen Potpourri begann. Meine Augen suchten vergeblich nach dem Bräutigam, denn die frischvermählte Ehefrau war sehr jung und sehr gut gebaut. Ich konnte ihn nirgendwo entdecken, bis sich herausstellte, dass ich ihn mit dem Vater der Braut verwechselte hatte. An Schlaf war nicht zu denken, und ich musste sehr lange im Simenon lesen, bis mir die Augen zufielen.

Reisen ist im Grunde eine völlig kalkulierbare Angelegenheit geworden. Mit der Zunahme der vagabundierenden Menschenmengen verändert sich lediglich der Grad der Verachtung, den Gäste und Einheimische füreinander empfinden. Aber im Prinzip kommt man irgendwo hin und fliegt wieder ab. Bei mir war das anders. Ich überlegte hin und her, dachte an diese, dann an jene Möglichkeit. Schließlich packte ich in aller Herrgottsfrühe, während die Hochzeitsgäste noch im tiefsten Schlaf lagen, meine Koffer und schleppte mich zum Hafen, um mit dem nächst besten Schiff weiterzufahren.

Natürlich hatte ich die erste Fähre um wenige Minuten verpasst. Drei Stunden später saß ich aber dann doch schon auf der Terrasse eines bezaubernden Cafes im Hafen von Skiathos, las eine Zeitung und beobachtete Touristen, die sich auf Ausflugsboote locken ließen. Manche von ihnen trugen viel zu enge Hosen, andere verfügten über beträchtliche Oberweiten. Die Männer hatten Rucksäcke umgeschnallt, hielten ein Handtuch in der Hand, und sie zeigten keine Scheu, verwegene Kopfbedeckungen zu tragen. Ihre Augen lachten, ganz einfach, weil das Leben schön war, und ich begann mich wieder wohl zu fühlen. Ich suchte mir eine kleine Pension am Rande des Ortes in der zweiten Häuserreihe mit einem sehr schmalen Durchblick auf etwas, das noch wie Meer aussah. Die Besitzerin hatte das Bildnis ihres verstorbenen Ehemannes an der Rückwand ihrer Rezeption aufgehängt wie die Trophäe eines erlegten Großwildes. Ihre Zimmer aber waren bequem und sauber, und man konnte sich vorstellen, dass es ganz behaglich wäre, hier zu wohnen.

Ich rückte Tisch, Stühle und Betten herum, bis es passte, und dann wollte ich etwa zwei Stunden arbeiten. Ich war bei der Frage angelangt, ob Jesus wirklich etwas mit der Gemeinde von Qumran zu tun gehabt haben könnte. Die Sekte schloss schließlich jeden aus, der ihre strengen kultischen Regeln übertreten hatte, während der Mann aus Nazareth sich, wie Lukas schrieb, als »der Zöllner und Sünder Freund« bezeichnete und die moralisch wie gesellschaftlich Geächteten bereitwillig aufnahm und sie sogar heilte. Das Herausholen gehörte gewissermaßen zu seinem Wesen. Herausholen aus Verstrickungen, aus Vereinsamung und Isolation, aber auch aus Schuld und aus Stumpfheit.

Mein neuer Arbeitsplatz ist ein winziger Tisch vor einem kleinen Balkon, auf dem man Wäsche aufhängen könnte. Die Sonne wirft ein mildes Morgenlicht in mein Zimmer, es ist warm und behaglich, und ich danke meinem Schutzengel, dass er mich hierher geführt hat. Unten auf der Straße gibt es ein Kartentelefon, und die Menschen, die hier Schlange stehen, geben amüsante Vorstellungen. Während ich über meinem Collegeblock sitze, kann ich nicht nur den Grad der Hautverbrennungen der Engländer, sondern auch die hautengen Finessen der diesjährigen Sommermode studieren. Am häufigsten hängen übrigens junge Mädchen am Telefon, die ihre in Glasgow oder in Bielefeld zuhause gebliebenen Freunde trösten oder ihren Müttern vorflunkern, dass keinerlei Grund zur Besorgnis bestünde. Sie wüssten schon, was damit gemeint sei.

Ich las in meinen Unterlagen und wollte anschließend eine Kirche aufsuchen, denn schließlich war es Sonntag. Hinterher könnte ich die steilen Treppen in die Bar hinaufsteigen, die ganz oben auf dem Hügel lag und eine wundervolle Aussicht über den Hafen und das Meer bot. Ihr Besitzer, den ich von früher her kannte, hatte ihr den Namen *the final steps* gegeben, und wenn man oben war, hörte man wundervollen amerikanischen Beat aus den siebziger und achtziger Jahren.

Die Revolutionszeit war vorbei. Passau mochte mich nicht, und ich hatte versucht, einen Job in einer anderen Stadt zu bekommen. Eine Familie zu gründen und mit meinen Taschen voller Schulden einigermaßen zurecht zu kommen, das genügte, mich vollauf zu beschäftigen. Wie viele meiner Freunde empfand ich mich weiterhin als »politisches Individuum«. Man wusste, dass man links war, und dass man es sein Leben lang bleiben würde, weil es schließlich gar nicht anders ginge. Ideologische Standhaftigkeit galt als Zeichen von Charakter. Zunehmend allerdings war mir klar geworden, dass die Fraktion der Kirchenleute noch eine ganze Menge jener Sachen besaß, die ich und meinesgleichen so achtlos weggeworfen hatten. Es ist wie bei einem Werkzeug. Man bemerkt seinen Wert, sobald man es braucht und nicht mehr findet. Einige Werkzeuge von damals hätten ganz gut gepasst, aber nun waren keine mehr vorhanden, um die Schrauben, die sich gelockert hatten, wieder festzudrehen.

Manchmal ist es ein Fortschritt, sich von etwas zu entfernen oder zu trennen. Gelegentlich stellt sich dann aber doch die Frage, ob dieses Entfernen nicht eigentlich auch unser Problem ist. Wohin zum Beispiel geht eine Gesellschaft, die sich von Gott getrennt hat? Das waren längst keine fernen theoretischen Überlegungen mehr. Waren wir nicht auch, überlegte ich, eine Gesellschaft ohne Schutzschilder geworden, in der die Krake des Gemeinen ganz ungehindert um sich greifen konnte? Diese Krake hasst das Leben, und wer von ihr infiziert wird, hasst es auch.

Eine Menge Dinge sind hinzugekommen, die ganz neu sind. Technische Produkte, die es gestern noch nicht gab. Möglichkeiten der Kommunikation, des Arbeitens, des Einkaufens, die noch vor zehn Jahren als Science-fiction galten. Medizinische Manipulationen, die uns neu über das Leben nachdenken lassen.

In den vergangenen Jahrzehnten haben wir eine andere Art entwickelt, unsere Umwelt wahrzunehmen und mit ihr umzugehen. Alte Tugenden erlitten einen rapiden Kursverfall. Eherne Eichstäbe wurden gegen elastische Messlatten ausgetauscht. Die Medien haben ihre Ethik aufgegeben und richten sich nach den Ansagen des Augenblicks. Die Globalisierung hat ganze Kulturen egalisiert. In unterschiedlichsten Ländern gibt es nun einen Gleichklang an Essen, Kleidung, Autos und aus Lärm, der aus den Lautsprechern dröhnt. Kontinuierlich haben wir uns von den früheren Grundmustern an Werten, Einordnungen und Umgangsformen wegbewegt. Und was früher einmal wie in Platten eingraviert als unumstößliche Leitlinie für die Gesellschaft galt – still verweht.

Was ist eigentlich passiert? Wie waren die umwälzenden Veränderungen in so unglaublich kurzer Zeit zustande gekommen? Liegt es an dem Überhang an Zukunft, der entstanden ist? Zweifellos hat unsere Gegenwart die Gewichte der Vergangenheit aus der Waagschale genommen und sich maßlos auf die Seite von Morgen geschlagen, auf ein Terrain, das weder ausprobiert noch ausbalanciert ist. Leider stolpern wir dabei auch immer häufiger von einer Brandstelle zur nächsten, suchen vergeblich nach Löschwasser, und diskutieren währenddessen, welche Uniformen die Feuerwehrleute haben sollten. Können wir die Welt nicht mehr richtig beurteilen, weil wir uns nicht nur von einem Teil unserer Wahrnehmung getrennt haben, sondern auch vom Grund unserer Herkunft?

Der zivilisatorische Prozess hat im Positiven Fortschritte gemacht, die vor kurzen noch undenkbar schienen. Über Nacht brachen diktatorische Großreiche zusammen. Nach einem halben Jahrhundert verschwand der Eiserne Vorhang. Staaten traten in bessere Beziehungen zu einander. Kriegsverbrecher werden verfolgt. Gegen Erscheinungen wie Rassenhass und Nationalismus gehen Menschen auf die Straße. Umgekehrt sind aber auch die Verluste dieser Zivilisation inzwischen so unübersehbar, dass selbst die Avantgarde der ehemals linken Soziologie Positionen einnimmt, die man gestern noch als Ausdruck reaktionärster Gesinnung gegeißelt hatte. Die Klagen nehmen zu. Und plötzlich erhalten die Gesetze der Moral, die von Politik und Medien am Ende des letzten Jahrhunderts fast zwanghaft der Lächerlichkeit preisgegeben wurden, wieder ihre grundlegende Bedeutung zurück.

Dass eine starke Moderne mehr braucht als coole Designer, beginnt sich wieder herumzusprechen. Ohne Traditionen, Regeln, Riten, Spiritualität kann die säkulare Welt nicht überleben. Und eine vollkommen entchristlichte Gesellschaft halten inzwischen auch solche Leute für barbarisch, die der Kirche fern stehen. Wenn kein Individuum sich dem anderen verbunden wisse durch den gemeinsamen Schöpfer, erklären liberale Philosophen, wenn niemand mehr daran glaube, davon rede und danach handele, was die Bergpredigt Jesu als Maxime vorgegeben habe, und wenn niemand mehr davon ausgehe, dass jedem Menschen das Heil fest zugesagt sei, dann vertrockne die humane Gesellschaft in der Tat zur Wüste des gnadenlosen Lust-, Erfolgs- und Nützlichkeitsdenkens.

Es ist die kalte Offensive einer neuen Weltanschauung. Um ein einziges Beispiel zu nennen: Ist es denn wirklich völlig ausgeschlossen, dass der Sterbehilfe für einzelne leidende Menschen nicht bald schon die massenhafte Euthanasie folgt, weil Leben aus unterschiedlichsten Gründen für wertlos oder problematisch erachtet wird? Mit jährlich Millionen von Embryos wird dies längst schon praktiziert. Und mit welchem Argument sollte man sich eigentlich dagegen verwahren? Wenn es keinen Gott gibt, wenn der Mensch rundum autonom ist, wenn es nach dem irdischen Leben weder Gericht noch Zukunft gibt – dann ist es doch nur logisch, wenn wir mit dem bisschen Leben, das wir haben – dem eigenen oder dem eines anderen – Schluss machen, und zwar exakt dann, wann uns das gerade mal so passt.

Die ethische Debatte ist seit vielen Jahren in Gang. Allerdings tritt sie beinahe genauso lange auf der Stelle, weil sie vor der letzten Konsequenz Halt gemacht hatte. Denn woher sollen die Werte kommen, die nun allenthalben eingefordert werden? Und wer soll ihnen eigentlich wieder einen Wert geben? Sicher nicht jemand, der Moral nur von den anderen fordert. Wer hat die Substanz? Wo ist das Feuer, die Energie, der Geist? Wo sind die Menschen, die diese Werte mit Leben füllen? Erst als Jürgen Habermas, der Doyen der linken Soziologie, öffentlich davor warnte, der liberale Staat dürfe nicht leugnen, dass seine moralischen Grundlagen eine religiöse Herkunft haben, getrauten sich auch andere aus der Deckung. »Eine Ethik, die sich nicht auf die normative Kraft einer verbindlichen Religion stützen kann«, so besann sich Joschka Fischer in seinem Buch »Die Linke nach dem Sozialismus«, »wird es schwer haben, von Dauer zu sein.« Man muss inzwischen freilich kein Prophet sein, um vorauszusehen, dass die Frage nach dem christlichen Beitrag für die westliche Welt darüber entscheiden wird, ob das 21. Jahrhundert verloren geht oder gewonnen wird.

Wer kritischem Denken treu bleiben will, kann schwer in Positionen verharren, die den Veränderungen der Welt nicht mehr standhalten. Wenn die etablierten Parteien Europas, überlegte ich, keine Lösung mehr finden auf die Probleme und Gefühle der verunsicherten Gesellschaft, wenn sie es versäumt haben, auf die riesigen Gefahren unserer Zeit angemessen zu reagieren – könnte denn dann ein Christentum, das Antwort gibt, nicht eine neue Zukunft vor sich haben? Bietet denn nicht gerade auch der christliche Kodex, der auf eine lange Erprobungsphase zurückblicken kann, wieder Orientierung und Halt? Ist die Forderung kluger Kirchenleute, man brauche eine Rückbesinnung auf die Ethik der Väter, wirklich so unsinnig? Waren denn nicht, während man Gott immer weniger ernst nahm und als ziemlich überflüssig erachtete, gleichzeitig eine Unmenge neuer Götzenbilder entstanden, die in die Irre führten?

Es gibt Partys, auf denen Atheisten, ohne es zu wollen, zu Advokaten des Glaubens werden. Zum einen finden sie, wenn man es einmal ernsthaft prüft, auf dieser Seite unverhofft gute Argumente. Zum anderen gibt es keine provozierendere Position, als einmal für die Sache Gottes und seiner viel gescholtenen Kirche zu streiten. Es machte Spaß, von einem unerwarteten Standpunkt aus zu argumentieren. Aber ich fand bald auch, dass dies nicht nur die kritischste, sondern auch die ehrlichste Position war, die man haben konnte. Ganz einfach, weil immer klarer wurde, dass sie mit den Grundprinzipien und den Gesetzmäßigkeiten des Lebens besser übereinstimmt als jede Theorie der Welt.

Natürlich gab es Einwände. Das, was man in den Zeitungen lesen konnte. Die allgemeine Melodie an Meinung. Die ermüdenden Ersatzdiskussionen um Zölibat, Papstdogma, kirchlichen Zentralismus. Manche, die sich noch nie wirklich für eine Sache engagiert hatten, warfen mir Verrat vor. Es war freilich nicht sonderlich schwer, Leute, die sich stets auf der richtigen Seite wähnen, auch ein wenig zu verunsichern. Es war schon deshalb nicht schwer, weil unter den Blinden der Einäugige bekanntlich ein König ist.

Obwohl unsere Kultur pausenlos Freiheit und Individualismus propagiert, fand ich mich plötzlich so eingebunden und abhängig von Zwängen wie niemals zuvor. Plakatwände, Info-Screens, Lautsprecher, riesige Displays an Hauswänden, In- und Out-Listen in Magazinen – von überall her wurde man mit irgendwelchen Ansagen bombardiert, die man nicht bestellt hatte. Und wenn man es wagte, sich zur falschen Zeit die falsche Hose zu kaufen (die gestern noch absolut *trendy* war) oder die falschen

Überzeugung zu haben, lief man Gefahr, aus dem Laufrad der Dazugehörigkeit einfach hinausgeschleudert zu werden.

Seltsam, ausgerechnet in dieser Umgebung provozierte die christliche Lehre das Bewusstsein mehr als jedes andere Denken. Warum eigentlich? Lag es wirklich an der Spießigkeit dieser Religion, dass manche Leute regelrecht rot anliefen und aggressiv wurden, wenn man ein gutes Wort für die Kirche einlegte? Vielleicht war es ja gerade umgekehrt, überlegte ich. Zweifellos folgt heute die Mehrheit dem Mainstream der Kirchenkritik. Noch die bescheidenste Pressemitteilung einer x-beliebigen kirchenkritischen Initiative bekommt inzwischen zehnmal mehr Aufmerksamkeit als jede Enzyklika des Papstes. Provozierte also die Religion genau deshalb, weil nicht sie, sondern der Zeitgeist angepasst und spießig geworden war? Und sagt nicht der Glaube Dinge, die dem bequemen Denken unserer Epoche in der Tat eminent widersprechen?

Ich musste an die breitbeinigen Bischöfe und Prälaten denken, die in Rom mit dicken roten Bauchbinden herumlaufen. Es fiel mir schwer, in ihnen Revolutionäre zu sehen. Ist den Kirchenleuten wirklich bewusst, dass sie in Wirklichkeit Mitglieder einer ziemlich radikalen Bewegung sind, der im Grunde auch Robin Hood und vielleicht sogar Che Guevara angehören konnten? Immerhin hat ihr geistliches Oberhaupt auf Erden, der krumme Karol Wojtyla, immer und immer wieder gedonnert: Contradicitur, Einspruch! Gleicht euch nicht der Welt an! Genau das sagte er, auch wenn das niemand hören wollte. Stopp! Stopp der Vergötzung von Macht, Erfolg, Geld, Sex! Stopp der Gleichgültigkeit und Ich-Bezogenheit! Stopp der Ausbeutung der Armen. Stoppt Krieg, Vergewaltigung und Gewalt! Gut, manche Kirchenleute wiederholten das, und man sah, dass sie es mit zusammengebissenen Zähnen taten. Aber sie müssen es sagen, ob sie wollen oder nicht, weil es ihr Auftrag ist. Von Anfang an, und nicht von Programmkommissionen erdacht, denen heute dies und morgen jenes einfällt. Stopp der Korruption und den Verbrechen! Stopp dem Lügen und Betrügen! Stopp der Vernichtung von Gottes eigener Schöpfung, die er für uns gedacht und gebaut hat! Stopp der Selbstzerstörung des Individuums durch Lebensstile, die nicht zu uns passen und uns nur immer kaputter machen!

Gewiss, vieles von dem kann auch ein deutscher Bundespräsident mit seiner tieftraurigen Stimme sagen. Aber eines sagen Wojtyla und seine Leute eben deutlicher, kompromissloser und unmissverständlicher als alle anderen: Nicht nur die Würde des Menschen, sagen sie, ist unteilbar, nein, das Leben selbst ist unteilbar. Wehret allen Anfängen. Stoppt die Schaffung von Hybrid-Lebewesen, ob Mensch oder Tier, durch die wir die Verherrlichung unserer selbst so sehr ins maßlos Böse treiben, dass sie die Dimension eines zweiten Sündenfalls erreicht – mit Folgen, die katastrophaler nicht sein könnten.

Die gesellschaftliche Relevanz war es, was mich am Christentum wieder interessierte. Glaube ist kein Abtauchen ins rein Private. Er hat etwas mit Kultur zu tun. Mit Verantwortung für das Ganze. Mit Aufbewahrung und Pflege und Wertschätzung. Oder sagen wir: mit Ehrfurcht. Waren wir nicht alle inzwischen auch sehr müde geworden? Und wenn nicht müde, dann zumindest tieftraurig angesichts dessen, was geschah? Auch wenn alle mittanzen, heißt das noch lange nicht, dass es jedem gefällt. Litten nicht auch meine Freunde und so viele, die ich kannte, unter einer Art von Leben, das zwar jeden Tag neue Angebote produziert, das aber zugleich auch immer komplexer und komplizierter geworden ist? So wahnsinnig anstrengend? Und das Schlimmste von allem war, dass die Zeit wegflog wie Blätter im Herbst. Wo sind eigentlich die 365 Tage abgeblieben, fragten wir uns, die früher einmal ein Jahr ausmachten? Sind es weniger geworden – oder ist die Zeit inzwischen nur noch die Hälfte wert?

Es gibt großartige Verbesserungen im Miteinander von Männer und Frauen, von Eltern zu Kindern. Aber ist die Art, unsere Zeit zu verbringen, wie wir Erfolg definieren, unsere Vorstellung von dem, was wichtig ist, wirklich so fortgeschritten? Sind wir so überlegen den Dichtern und Künstlern und den weisen Frauen und Männern von früher? Haben unsere Theologen etwa einen Grad an Erleuchtung angenommen, den die Welt zuvor noch nicht gesehen hat? Wir sprechen von Umweltschutz und von der Vergiftung der Lebensmittel – aber ist das nicht das geringere Problem angesichts des geistigen Mülls unserer Zivilisation, der uns zu ersticken droht? Wir reden von Terrorismus – aber warum denkt niemand daran, die nachwachsende Generation etwa von dem Terror der Pornografie und der frühzeitigen Zerstörung ihrer kindlichen Seelen durch den Angriff der Killermedien zu schützen? Niemand spricht darüber. Als ob es den ganzen unfassbaren Schund vor unseren Augen nicht gäbe und man denken könnte, wir seien immer noch ganz anständige Leute. Aber ist diese Art von Verschmutzung wirklich weniger gefährlich als die Verschmutzung der Gehirne, die in diesem Land einmal durch ein rassistisches, absolut bösartiges Regime angerichtet wurde?

Um es abzuschließen: Macht eine Epoche, in der schon heute nicht mehr gilt, was gestern noch bejubelt wurde, nicht auch schneller kaputt und krank? Jeden Tag kann etwas passieren, was das Bisherige an Faszination noch weit übersteigt, aber auch an Schaurigkeit, Drama und Trauer. Inzwischen weiß man, dass hoch entwickelte Systeme zur Selbstüberschätzung verleiten. Man glaubt, alles zu können. Bräuchte also nicht gerade die technisierte Welt in ihrer Komplexität und Anfälligkeit, den ungezählten Unwägbarkeiten ihrer auf Computer und Halbleiter ausgelagerten Intelligenz, mehr als jede andere zuvor nicht auch die stützende Hand eines erfahrenen Baumeisters? Gerade so, wie es in der Bibel steht?

Die Reaktion von Freunden und Kollegen auf meine veränderte Sinneslage schwankte zwischen Neugierde und Gleichgültigkeit. Viele waren interessiert, andere reagierten verstimmt. Meine Frau weigerte sich allmählich, mit mir auf Partys zu gehen, denn mit Sicherheit kam das Gespräch sehr bald auf Religion. »An *mir* liegt es nicht«, sagte ich, »meine Überzeugung geht niemanden etwas an, und ich laufe damit auch nicht herum wie irgendein Agitprop-Mann«, aber sie glaubte mir nicht. Wir verabredeten, dass sie künftig sofort dazwischen gehen würde, wenn ich irgendwo mit einem Glas Weißwein herumstünde und jemand beginnen würde, über Gott und die Welt und den Papst und die Beichte zu reden, aber es hat nie wirklich funktioniert.

Einmal waren wir an einem Septemberabend bei Freunden zu einem Essen eingeladen – und bald sprachen wir über Religion. Natürlich war es nicht so, dass man religiöse Haltungen grundsätzlich ablehnte, die Frage war nur, ob es denn unbedingt die römisch-katholische sein müsse. Susanne erklärte, sie sei Agnostikerin, und wenn sie überhaupt Glaubenswahrheiten interessierten, dann die des Buddhismus, der immerhin nicht, meinte sie mit einem gewissen Nachdruck in der Stimme, auf eine blutbesudelte Vergangenheit zurückblicken müsse.

Wolfgang meinte, die Zehn Gebote seien doch in einer Welt wie der unseren inzwischen ziemlich lachhaft geworden, und wer wolle schon jeden Sonntag Gott verehren. Drogo hatte irgendwo gelesen, Jesus sei weder am Kreuz gestorben noch überhaupt gepeinigt worden, sondern als Mitglied einer Sekte nach Indien gegangen, übrigens zusammen mit seiner Mutter, und beide seien dort begraben worden. Die Kirche versuche nur, wie so oft, alle Funde und Erkenntnisse zu unterdrücken, aber auch Theologen kämen zunehmend zu der Überzeugung, die ganze Christus-Überlieferung sei fragwürdig und Auferstehung sowieso ein Schwachsinn. »Das Grab war voll«, schloss er mit einem Schlag auf den Tisch.

Es war eine gespenstische Diskussion auf einem erkennbar nicht sehr hohen Niveau. Ein eigenartiges Gemisch aus Wissen, Halbwissen und Unwahrheiten. Ich spürte, dass ich, wenn es tiefer ging, wenig zu sagen wusste. Meine religiöse Grundausstattung war auf das Niveau eines ABC-Schützen gesunken. »An was glaubt ihr eigentlich?«, gab ich hilflos zurück. »An eure Firma? Ans Fernsehen? An die Literaturpäpste und Popgötter?« Mehr an

Gegenwehr fiel mir nicht ein. Ich verstummte und ärgerte mich insgeheim über den Glauben, von dem ich zwar glaubte, was ich wusste, aber nicht eigentlich wusste, was ich glaubte.

Ich erinnere mich daran, dass ich am anderen Tag mit meinen Söhnen, die damals noch sehr klein waren, in die Messe ging. Es war Sonntag, und der Gottesdienst war sehr gut. Licht kam von den Fenstern in den Altarraum und auch in die Reihen der Bänke. Es gab nichts, das mich störte oder irritierte. Und ich dachte daran, dass hier herinnen etwas ist, von dem man da draußen keine Ahnung mehr hat, und dass es etwas ist, was ich lange Zeit nur am Rande, aus dem Augenwinkel heraus, wahrgenommen hatte. Es war nicht sonderlich schwer, den Entschluss zu fassen, mich einmal für das Eigentliche am Glauben, für seine Inhalte und Geheimnisse zu interessieren – falls ich Zeit dazu fände. Eben für das, was dieser Geschichte erst ihre Wahrheit und ihre Zukunft geben könnte. Und ich dachte, wer weiß, vielleicht geht es dabei ja einfach nur darum, wieder zu lernen, wie das Leben geht, wenn man es richtig macht.

7

Zurück nach vorne

Am Morgen, wenn ich die Fensterläden aufschlage und meine Arbeit beginne, ist das Meer dunkelblau, tief und ruhig. Mittags geht seine Farbe ins Blassblaue, aber fast blitzartig, mit einer kleinen Veränderung des Lichtes, kann alles anders aussehen, dunkler oder heller, je nachdem.

Auf der Straße vor meinem Balkon spielt sich jeden Tag ein kleines Theater ab. Busse bringen Kinder zur Schule, Lastwagen, die gerade den Bauch eines Schiffes verlassen hatten, transportieren Berge von Ziegeln für neue Ferienhäuser, und natürlich sind auch die Bauarbeiter aufgetaucht, um auf der Straße vor meinem Hotel ein Loch aufzustemmen.

Ein junger Mann aus Indien oder Pakistan sortiert auf einem Handkarren Angelruten, Fernrohre und sogar Schleifwerkzeuge, um sie anschließend auf der Hafenpromenade kaufwilligen Touristen anzubieten, und an der Telefonzelle stehen Menschen aller Größen und Formen an, um noch schnell eine Verbindung nach irgendwohin herzustellen. Einige kommen mir inzwischen wie alte Bekannte vor. Ich kenne ihre Bewegungen und die Art, wie sie beim Warten ihre Zigarette rauchen oder die Hände auf den Hüften spreizen.

Einmal bog im schnellen Schritt ein junges Pärchen um die Ecke. Das Mädchen trug einen strohgelben Sonnenhut, aber man sah, dass es weinte. Es drehte sich zur Seite und wischte verstohlen die Tränen aus dem Auge, bevor sie mit großen Schritten weiterlief. Der Junge folgte ihr wie ein Schatten, aber er schien absolut nicht zu wissen, wie er sich verhalten sollte.

In den Pausen, wenn ich ein Jesus-Kapitel beendet habe oder irgendwie ins Stocken geraten bin, gehe ich im Zimmer auf und ab und betrachte die alten Fotos an den Wänden. Manchmal trete ich auf den Balkon hinaus, zünde mir eine Zigarette an, und zähle die unzähligen Strom- und Telefonkabel, die in der Höhe meines Zimmers mitten durch die Gasse verlaufen. An den Holzmasten kann man die Löcher der Steigeisen erkennen, mit denen Hochspannungsspezialisten von Zeit zu Zeit die Masten emporklettern. Es wird eine ziemliche Anstrengung sein, aber vielleicht auch nicht anstrengender als das, was jeder von uns tun muss, um gelegentlich auch nur einen klitzekleinen Ausschnitt vom Himmel zu sehen.

Papst Johannes Paul II. meinte einmal, jeder solle mit seinem Leben deutlich machen, dass das Licht, das von oben kommt, das menschliche Leben erst so richtig zum Leuchten bringt. In etwa so, wie die Sonne mit ihren Strahlen Formen und Farben hervorruft. Ein wunderschönes Bild, aber können nicht auch Menschen ganz ohne Gott ziemlich erfolgreich sein, überlegte ich?

Viele meiner Freunde gingen davon aus, sie könnten ihre Biografie komplett selbst gestalten. Wie ein Modeschöpfer seine Kleider und ein Regisseur seinen Film. Mit wunderbaren Einstellungen, harten Schnitten und einem extrem verwegenen Soundtrack. Die moderne Welt eröffnet völlig neue Obsessionen, verkündete Joachim, der sich mit Lifestyle beschäftigte. Von heute auf morgen könne jedermann seinen Typ und seinen Lebensstil komplett austauschen. Ein entsprechend anderer Dress-Code, gewisse chirurgische Einschnitte in bestimmte Gesichtspartien, alles kein Problem. Es gehe bei unseren Lebensentwürfen längst nicht mehr um ein *Entweder-oder*. Was heute die Szene beherrsche sei nichts anderes als der Typ des *Weder-noch*.

Das Original habe längst abgedankt, meinte Joachim. Simulation oder Unikat, Sein oder Schein, wer könne das überhaupt noch unterscheiden? Kein Auftritt, keine Stimme, kein Text, kein Bild, gar nichts lasse sich heute noch auf Wahrheit oder Fälschung hin trennen. Was zähle sei, ob etwas »gut gemacht« ist. Und »gut gemacht« bedeute dabei nicht, ob es Substanz habe. Man müsse sich nur unter den so genannten Innovationen der Medienwelt umsehen. Alle in den letzten Jahren neu entwickelten Magazine bedienten mit höchster Technik nur noch niederstes Niveau, die Bedürfnisse einer Gesellschaft, die sich selbst genügt. Das Leben in seiner bisherigen Prägung, erklärte mein Freund, sei endgültig überwunden, die ganze Wirklichkeit dürfe man nur noch als eine Sache der Verhandlung betrachten. »Take it or leave it«, sagte er noch, »du bis in deinem Leben selbst der Star.«

Was bestimmt ein Leben? Von wem ist es abhängig? Sind es nur Zufälle, glückliche oder weniger glückliche, die ein Leben verändern oder gar beenden können? Ist es vornehmlich beeinflusst von den Moden der Zeit, oder von der Konstellation der Sterne, vom jeweiligen Kulturkreis, den

Kohorten der Gleichaltrigen? Gibt es zwei Seelen in jeder Brust? Gehen Träume, wenn man sie nur richtig träumt, auch wirklich in Erfüllung? Wann gelingt ein Leben? Und wann ist es gescheitert? Muss es aussehen wie das von Marlon Brando oder das von Mutter Teresa? Muss man die eigentliche Existenz wirklich als zusammenhängendes Ganzes erfahren können, wie Biografieforscher glauben, um sinnvoll überleben zu können? Aber was genau ist sinnvoll – und welche Antwort gibt der Glaube?

Manchmal genügt schon der Biss einer Zecke, um ein Leben aus der Bahn zu werfen. Ein kleiner Motorradunfall macht aus deinen Businessplänen Makulatur. Ein einziges Fehlverhalten zerstört über Nacht die Aussicht auf eine Karriere, die am Tag zuvor noch als unerschütterlich galt. Worte alleine schon können die Kraft der Trompeten von Jericho gewinnen und die hohen Türme der eigenen Herrlichkeit in Schutt und Asche legen. Ich habe es selbst erlebt, dass gute Freunde, gestern noch hoch zu Ross, ganz schnell wieder Stalldienst machen mussten. Und allen Fällen, in denen Menschen aus eigener Schuld um den Sieg gebracht werden oder gleich ganz zu Fall kommen, scheint immer eine Lüge zu Grunde zu liegen.

Ich glaubte längst nicht mehr daran, dass ich mein Schicksal ganz selbst in der Hand habe. Unzweifelhaft hatte ich manche Schläge, die mich trafen, nicht selbst verursacht, und wenn es allein nach mir gegangen wäre, sähe mein Konto heute anders aus. Im Gegenteil, sobald ich mir irgend etwas ganz besonders schön ausgemalt und zurechtgelegt hatte, lief die ganze Vorstellung in sich zusammen, wie bei einem Aquarell, das jemand nimmt und ins Badewasser wirft.

Nach der Lehre des Christentums bekommt der Mensch gewisse Gaben Gottes mit auf seinen Weg. Auch Talente, die er möglichst nicht vergraben soll, wie es der nichtsnutzige und ängstliche Diener in dem Gleichnis tat, das Jesus erzählte. Die Freiheit aber gehe so weit, sich sogar für das Gegenteil des Guten zu entscheiden. Gott dränge sich nicht auf, aber wer das wolle, den begleite er. Er lehre den Menschen, heißt es, gewisse Ereignisse zu lesen, um die darin angebotenen Winke auch nutzen zu können. Oft liege sogar in einem erlittenen Unrecht oder in einem leidvollen Geschehen etwas, aus dem sich plötzlich eine neue Lebensalternative entwickele.

Für Gläubige, so wurde mir deutlich, ist »höhere Gewalt« noch immer mehr als nur eine Floskel aus dem Kleingedruckten von Versicherungspolicen. Sie respektieren nicht nur gewisse Gesetze, die die Ordnung des Weltalls widerspiegeln, sondern glauben auch an »Vorsehung«, nämlich das Einwirken von Mächten, die wir weder beherrschen noch uns überhaupt vorstellen können. Wer das Durcheinander in der eigenen Familie oder das Auf und Ab in der Karriere von Freunden betrachtet, kann diese Philosophie schwer von der Hand weisen. Sie beruht, ganz im Gegensatz zum islamischen *Kismet*, das von einem unabänderlichen und oft gnadenlosen Schicksal ausgeht, auf der Flexibilität der Verhältnisse: auf gelebten Beziehungen, sowohl unter Menschen als auch zwischen dem Menschen und seinem *Vater* im Himmel, durch die sich über Nacht neue Möglichkeiten ergeben können.

Alles ist möglich. Du kannst diesen Weg nehmen, du kannst aber auch einen anderen Weg nehmen. Und wenn du diesen nimmst, sieht die nachfolgende Geschichte ganz anders aus. Und manchmal geht man schnell wieder zurück zur Kreuzung, weil man sich ganz offensichtlich verlaufen hat. Zugegeben, manchmal scheint es auch völlig egal, welchen Weg man nimmt – am Ende wartet so oder so ein riesiger Schlamassel auf dich.

Bei einem unserer Gespräche für das Buch »Salz der Erde« hatte ich Kardinal Ratzinger gefragt, wie viele Wege es eigentlich zu Gott gebe. Ich wusste wirklich nicht, was er sagen würde und hatte eher vermutet, er würde irgendeine Formel benutzen. Die Antwort kam wie aus der Pistole geschossen. Es gibt, sagte er, genauso viele Wege zu Gott, wie es Menschen gibt, denn schließlich habe jeder Mensch seinen eigenen Weg. Nun, es waren ganz banale Begebenheiten, ein Gespräch mit einem Fremden, ein Reportageauftrag, der Besuch einer Messe, die mich plötzlich auf das Thema Religion brachten, das mir zuvor so weit weg erschienen war wie der Nasa-Fuhrpark im Weltraum. Ich hatte in der Tat einige Schritte auf dem Weg zu Gott getan – aber ich hatte es noch nicht einmal bemerkt.

Vielleicht kann man sich diesen Prozess wie eine Häutung vorstellen. Man legt seine alte Haut ab, und die neue, die man bekommt, ist zunächst noch sehr dünn. Man reagiert sensibler auf alles, was einem zu nahe kommt. Mit Welt- und Wachstumsschmerzen und seelischen Befindlichkeiten wie Teenager sie haben. Es gibt eben auch in Glaubensdingen angenehmere und unangenehmere Begleiterscheinungen. Nicht alle Schmerzen lassen sich verhindern. Wichtig dabei ist nur, so hat es zumindest Antoine de Saint-Exupéry gesagt, dass »uns die verrinnende Zeit nicht als etwas erscheint, das uns verbraucht, sondern als etwas, das uns vollendet.«

Ich muss dabei an eine Reise nach Assisi denken. Es war ein nettes Erlebnis. Dass es die Stadt des heiligen Francesco war, wusste ich, aber was ich suchte, war nichts anderes als ein kleines Hotel zum Schlafen, eine angenehme Umgebung zum Herumschlendern, Wein zum Genießen, und ein wenig Alleinsein zum Träumen. Der Reisetipp kam von meinem Freund Christian, einem ausgeprägten Heiden, und als ich morgens nach einer Nachtfahrt am Bahnhof von Assisi ankam, nahm ich einen doppelten Espresso, ein Tramezzino mit Thunfisch, und machte mich gemächlich auf den Weg.

Ich spazierte die breite Straße entlang, sah mir eine riesige Kirche an – und war maßlos enttäuscht. Ich spürte keine Freude, nicht einmal Neugierde. Die Stadt mochte beeindruckend sein, aber sie gefiel mir nicht, und ich konnte nichts daran ändern. Zuerst verfluchte ich meinen Freund und seine Tipps, dann mich und meine Vertrauensseligkeit. Verärgert drehte ich mich auf dem Absatz um – und musste lauthals lachen. Denn was ich nun sah, war nichts Geringeres als der wahre Traum von einer Stadt.

Dort oben am Berg, leuchtend schön wie ein Gemälde von Cézanne, lag das echte, das einzige Assisi. Ich schlug mir an die Stirne. Ich war einfach den falschen Weg gegangen. Ich hatte mir das Falsche für das Richtige vormachen lassen oder selbst vorgemacht, den Abglanz hielt ich für das Eigentliche. Und es war nicht einmal besonders schwer, den Irrtum aufzuklären. Ich musste nur einmal umkehren, mich kurz um 180 Grad drehen, und ich hatte genau das vor mir, was ich eigentlich gesucht hatte. Und obendrein ein freundliches Zimmer in einem bezaubernden Hotel gleich neben dem Kloster, auf dessen Balkon ich in den folgenden Tagen in der Abendsonne Wein trinken und etwas von den Delikatessen essen konnte, die ich gleich um die Ecke entdeckt hatte.

Um ehrlich zu sein, das Allegorische dieser Geschichte ist mir erst viele Jahre später bewusst geworden. Seltsam, ich war in Assisi schon auf Sicht- und Hörweite mit dem Religiösen in Berührung gekommen, aber ich hatte es wieder einmal nicht bemerkt, jedenfalls nicht bewusst. Wie denn auch? Meine Fragen und Zweifel waren ja dadurch auch nicht weniger geworden, ganz im Gegenteil.

Christentum blieb mir ein Rätsel. Der Mensch, sagt der Glaube, ist nicht das schnöde Ergebnis der Evolution, ein Produkt irgendwelcher Gene, die zufällig entstanden sind, sondern er kommt unmittelbar von Gott selbst. Dies sei letztlich auch der Grund, warum wir das Materielle überschreiten können. Eine interessante Vorstellung, aber wie kann es dann sein, überlegte ich, dass derart göttliche Wesen wie du und ich so anfällig sind für Krankheiten, gefährliche Ideen und sogar für schlechten Geschmack? Ähneln wir nicht viel mehr einem Halbfertigprodukt? Einem Prototyp, dem später, wenn wir den blauen Planeten endgültig vernichtet haben würden, eine zweite, bessere Fassung folgen könnte?

Anders gefragt: Wenn wir wirklich den »Atem Gottes« hätten, wie es heißt, und Gott ähnlich sind – müsste denn dann dieser Gott nicht auch ein wenig so aussehen wie wir? Ist er auf dem Weg der Selbstwerdung ebenfalls noch nicht ganz ausgereift, noch nicht ganz fertig mit sich selbst? Ist das womöglich der wahre Grund dafür, warum die Geschöpfe dieses Gottes Komplexe haben? Warum sie so häufig Angst haben, alleine zu sein, etwas falsch zu machen, nicht geliebt zu werden? Ist es *Seine* Unvollkommenheit, die *unsere* Mängel bewirkt? Uns dazu verleitet, stets besser, reicher und klüger sein zu wollen, als es die anderen sind? Denn wenn Gott perfekt wäre, warum sollten dann seine Geschöpfe so unterschiedlich gut gelungen sein? Der eine bucklig, der andere gerade. Jene ein Ideal der Schönheit, die andere ein abschreckendes Beispiel. Und was hat sich Gott bei Sex gedacht? Wenn er ausschließlich der Fortpflanzung diente, warum sind dann Frauen so verdammt verführerisch?

Fragen dieser Art waren es, die mich quälten. Was ist das am Ende für ein Gott, dieser Gott der Juden und Christen, angenommen, es gibt ihn wirklich, und angenommen, er ist wirklich der einzige, den es gibt? Ein gestrenger Gott, der uns in Abhängigkeit halten will und Gutes nur gibt, wenn wir ihm ausreichend huldigen? Gibt die Bibel nicht genügend Zeugnis für einen offenbar auch sehr selbstgerechten Herrscher, der zürnt und straft und der von seinen Glaubenskämpfern die Pflichterfüllung von Legionären verlangt?

Was aber ist dann mit dem *lieben* Gott, von dem wir in der Schule gelernt haben? Ein Schöpfer, der die Entwicklung seiner Geschöpfe hegt und pflegt, wie Eltern es tun, weil sie ganz einfach gar nicht anders können? Einer, der unsere Schwächen kennt und sie verzeiht? Der uns unter die Arme greift, wenn wir ihn brauchen, was gar nicht so selten der Fall ist? So ein Typ von der Notaufnahme für im Grunde immer wieder ganz aussichtslose Fälle? Was sagte Jesus dazu? Hat er die Fragen möglicherweise schon alle beantwortet?

Die Christen haben sich längst ein Bild gemacht von Jahwe, dem unaussprechlichen, der keinen Namen hat und nur der *Ich-bin-der-ich-bin* genannt wurde, weil sie glaubten, Gott habe sich nicht länger im Dornbusch verborgen, sondern sich, wie es verheißen war, endlich gezeigt und den Neuen Bund verkündet; für alle, die sich dazu bekennen wollten, Juden, Heiden, einfach alle. Dennoch: Warum lässt sich seine einfache Botschaft immer wieder neu und sogar ganz gegensätzlich auslegen? Warum sind Dinge wie die Dreifaltigkeit so schwer zu begreifen, dass sogar der heilige Augustinus beinahe daran verzweifelt wäre, bis er einsah, dass das Meer des Göttlichen nicht in sein kleines Schälchen passt? Wieso konnten Christen Hitler wählen und sich mit am Holocaust schuldig machen? Wie ist es möglich, dass die Kirche, die doch angeblich das irdische Gefäß Gottes ist, immer wieder schwach wird und ihre Diener sogar Verbrechen begehen? Glauben Christen auch noch nach Auschwitz, dass der charakteristische Zug ihres Gottes letztlich darin liegt, uns Gutes zu tun?

Wenn es dunkel wird, sollte man nicht klagen, sagt das Sprichwort, sondern ein Licht anzünden. Es wurde dunkel. Ich zündete ein Licht an. Aber es wurde nicht hell. Ich las viele Seiten in der Bibel, am Ende nahm ich ein Blatt Papier, notierte mir einige Zitate und schrieb darunter: »Verrückt. Und voller Widersprüche.« Ich legte die Bücher beiseite. Warum sich mit etwas belasten, auf das man genauso gut verzichten konnte? Wer sagt eigentlich, dass das Leben nicht unbeschwert und leicht sein sollte wie ein sonniger Frühlingsmorgen? Wem sollte die Suche nach Sinn und Wahrheit schon nutzen? Wer braucht schon wirklich die lästigen Hemmschwellen aus Tugend und

Moral? »Gott, der Herr, ist meine Kraft«, zitierte der zittrige Papst vor fünfhundert ehemaligen Prostituierten, die sich angeblich bekehrt hatten, einmal einen Vers aus den Psalmen, »er lässt mich schreiten auf Höhen.« Aber sind nicht auch Geld und Eros eine Kraft? Lässt mich nicht auch eine Droge schreiten auf Höhen? Und richtet denn nicht umgekehrt Religion, dieses fanatische Hirngespinst, bis in unsere Tage hinein auch unendliches Leid, unendlich Verwirrung, Krieg und Terror an?

Die Frage der Rückkehr zur Religion lässt sich immer wieder einmal beiseite schieben, ganz vertagen aber lässt sie sich nicht. Du hast eine Kugel ins Rollen gebracht, und niemand kann sie mehr stoppen. Und an dem einen Tag bist du vollendet glücklich und vollendet satt, und am anderen Tag steigen schon wieder neue Zweifel auf wie Blasen in einem Tümpel.

Die frühen Christen hatten mehr geglaubt als wir, weil sie ganz einfach sich selbst stärker misstrauten. »Ich weiß, wem ich glaube«, begründete Paulus seine Überzeugung, »und bin sicher.« Punktum. Niemand maßte sich an, zu wissen, was im Kosmos möglich war und was nicht. Man ging seit Jesus davon aus, dass Gott ein personales Wesen ist, jemand, der denken, lieben und sogar, wozu viele von uns nicht in der Lage sind, zuhören kann. Gott war in erster Linie Beziehung. Das meinten die Konzile, wenn sie ihn als trinitarisch, dreifaltig beschrieben. Und weil er Beziehung war, empfanden sich auch die von ihm geschaffenen Wesen wiederum als Beziehung. Bezogen auf IHN, den Schöpfer, und bezogen auf alle anderen Geschöpfe. Ohne Beziehung könne auf dieser Welt kein Mensch überleben, und vermutlich nicht einmal ein Grashalm. Das etwa bedeutete Glaube. Paulus' Beweggrund war nicht, endlich einmal mit Esprit zu philosophieren, eine gepflegte Diskussion zu führen, zu klügeln und zu hinterfragen. Er wollte nichts anderes, als felsenfest glauben. Aus keinem anderen Grund als dem, weil das, was er nun wusste, von Christus kam. Dieser Glaube stand ja gerade nicht geschrieben, festgelegt auf geduldigem Papier. Er kam verbürgt durch gute, ernsthafte, glaubwürdige Leute, in einer Zeit, als Menschen noch mehr Ansehen hatten als Bücher.

Auf eine lange Bahnfahrt hatte ich mir eines Tages eine Taschenbuchausgabe des Neuen Testamentes mitgenommen. Ich wollte das Evangelium nach Matthäus einmal nicht nur in Auszügen lesen, sondern, ich musste darüber schmunzeln, gewissermaßen »in einem Zug«. Es hatte seit Tagen geregnet. Flüsse waren über die Ufer getreten, und es regnete immer weiter. Felder und Wiesen, alles war überschwemmt. Teile der hässlich verbauten Landschaft standen komplett unter Wasser. Ich las den Text so, wie uns ein alter Lehrer in der Schule beigebracht hatte, Texte zu lesen. Jedes Schriftstück verrät den, der es geschrieben hat, pflegte er zu sagen: »Ihr könnt alles über jemanden lernen, wenn ihr seine Sprache kennt. Begnügt euch nicht damit, was andere darüber gedacht und gesagt haben. Du selbst bist der allererste Leser. Nur für dich steht es da. Und wenn du dich mit offenen Sinnen darauf einlässt, dann wirst du auch etwas erfahren.«

Was soll ich sagen? Es war überwältigend. Niemand, den ich kannte, konnte so schreiben. Im Prinzip konnte kein Mensch so schreiben. Die Diktion dieses Textes, die

Aussagen, die Verknüpfungen, all das, was Jesus sprach, wie er es sprach, all das, was er tat und wie er es tat, fast alles lag völlig außerhalb des menschlichen Bereiches. Um Himmels Willen, überlegte ich, stützte den Kopf in die Hände und sah dabei sehr lange aus dem Fenster auf die überschwemmte Welt, an der wir vorbeirasten, wenn das stimmt, was ich gerade empfinde, dann ist das, was ich gerade gelesen habe, nichts anderes als das Wort Gottes…

Und wenn es nicht stimmt? Ist es nicht auch denkbar, dass sich alle haben täuschen lassen? Paulus, der sowieso. Später Thomas von Aquin und Edith Stein und all die anderen. Ein frommer Selbstbetrug, sonst nichts. Wer einmal damit anfängt, kann nicht mehr zurück, ohne nicht auch sein Gesicht zu verlieren. Christentum als Illusion, geboren aus intellektuellem Dünkel, um sich auf Teufel komm raus die Welt zu erklären. Und wenn sich Lügen potenzieren, wachsen sie sich am Ende zu einem Popanz aus, groß genug, dass nichts und niemand seiner mehr Herr wird. Ohne ihn würde nun die Welt in sich zusammen fallen wie die Schwarzen Löcher im Weltall.

Immerhin hatte ich beobachtet, wie sich mein Bild von Jesus zu verändern begann. Zuvor fragwürdig und unbestimmt, verschwommen und nichtssagend, bekam es, aus einer anderen Perspektive betrachtet, wieder Kontur. Ich hatte genug von den neurotischen Titelgeschichten der Magazine, die pünktlich zu Ostern, Pfingsten und Weihnachten die bombastischen Theorien von Leuten verkündeten, die sich Theologen nannten. Die historisch-kritische Methode schien mir längst an ihr Ende gekommen. Ihr Verdienst war es, Christus nicht im Himmel, sondern in seiner Grabkammer zu entdecken. Ich hatte genug davon.

War es nicht auch auffallend, dass, je mehr Auslegung es gab, das Bild von Christus immer enger wurde? Es leuchtete nicht mehr auf wie bei Michelangelo und van Dyck und Mozart, alles wurde zusehends farblos und stumm.

Wo war der so glanzvolle Raum für die Wirkung des Geistes und die ganze Größe der Botschaft, den die überlieferte Geschichte der Evangelien den Menschen über die Jahrhunderte hinweg bereitet hatte? Jetzt war die Flut der Erklärungen und Spekulationen sogar im Begriff, auch noch die Reste dieses einstmals strahlenden Bildes wegzuschwemmen. Heiland der Welt. Am Ende des 20. Jahrhunderts stand er wie ein gerupfter Truthahn vor uns. Eine Mischung aus Religion und Wahnsinn. Ein jugendlicher Wirrkopf, der Leute um sich scharrte, die nicht weniger verrückt, einsam, romantisch und psychopathisch waren als er selbst.

Ich überlegte, eine Checkliste anzulegen, um zumindest jene Fragen, die am meisten irritierten, nacheinander abzuhaken. Aber kaum hatte ich für dieses und jenes eine einigermaßen plausible Antwort gefunden, ergab sich ein neues Problem. Irgendein Erlebnis, ein Fernsehbericht, ein Flugzeugabsturz mit unschuldigen Kindern hatte mich gleich wieder auf die nächste Ungereimtheit gebracht. Allmählich jedoch gab ich es auf, wie ein Buchhalter Soll und Haben zu vergleichen. Meine Neugierde war stärker gewesen als meine Zweifel, und es reizte mich, aus festgefahrenen Denkmustern aufzubrechen, ganz neu, ganz frei zu denken und in unbekanntes Terrain vorzudringen.

Ist es nicht genau wie mit den Lichtern unserer Städte? Sie sind inzwischen so grell geworden, dass sie den Himmel verdecken. Man müsste neue Standorte suchen, überlegte ich. Der Glaubende nutzt eben Organe, die andere erst gar nicht in Betrieb nehmen. Er will Dinge sehen, die unsichtbar sind, unsichtbar wie Liebe, Glück, Gefühle, und die dennoch den wesentlicheren Teil unserer Wirklichkeit bestimmen. Kann man der Realität einer höheren Macht vielleicht erst dann nachspüren, wenn man diese Realität zunächst einfach einmal akzeptiert? Immerhin bedient sich auch die Quantenphysik dieses Prinzips. Obwohl es für ihre Richtigkeit keinerlei »Beweise« im Sinne messbarer physikalischer Größen gibt, sondern nur gewisse Annahmen, ist sie zur Grundlage für die wichtigsten Entwicklungen unserer modernen Technik geworden, bis hin zur mobilen Telekommunikation.

Was würde passieren, wenn man bereit wäre, Gott einfach einmal anzunehmen? Ist es möglicherweise sein Geheimnis, dass er nur unter diesem Licht, das ihn *ganz* beleuchtet, erkennbar wird? Sagen wir es so: Gott kann alles, aber vielleicht mag er unter dem Blickwinkel des rein materiellen Denkens seine Leuchtkraft genauso wenig preisgeben wie ein Edelstein, den man in einer dunklen, schmutzigen Gasse im Licht des Mondscheins betrachtet.

Mir kam der Gedanke, dass zweifellos niemand Jesus länger und besser kennt als die Christenheit selbst. Die Gemeinschaft seiner Nachfolger hat ihn seit den Tagen der Apostel hinterfragt, ausprobiert, wieder hinterfragt, ausgeleuchtet und schließlich so getreu weitergegeben wie niemand sonst. Immerhin ist keine Lehre über so lange Zeit so hart getestet worden. In Klöstern wurde sie extrem gelebt. Nicht immer optimal, aber letztlich erfolgreich. Die Prinzipien Jesu haben sich in der Praxis bewährt.

Andererseits: Dass man sich zunächst auf die Grammatik des Glaubens einlassen müsse, um das Christentum zu begreifen, erschien mir wiederum wie ein billiger Trick. Eine Finte, um kritische Nachfragen abzuschütteln wie lästige Regentropfen? Möglicherweise. Aber was war mit einem ungelehrten Bauernsohn wie dem heiligen Konrad von Altötting, der sich gewissermaßen auf die Quantenphysik des Glaubens einließ und als Kapuziner vierzig Jahre lang in der Pforte seines Klosters tagtäglich Jesus einfach nur annahm? Konnte er nicht eine ganze Menge mehr von Christus verstehen als jener neunmalkluge Theologe, der an seinem Schreibtisch plötzlich Entdeckungen gemacht haben will, die 2000 Jahre Religion in Frage stellen? Was war mit Franz von Assisi, dem die Gescheitheit der Doctores nie ganz geheuer war? Konnte er nicht gerade deshalb Gewissheit über den Sohn Gottes haben, weil er, anstatt das Mysterium nur zu studieren, es einfach ausprobiert und es im Ausprobieren nicht nur erfahren sondern sogar *erkannt* hat, in einem Zustand der unermesslichen Erleuchtung?

Ein Bild tauchte auf: Wenn man die Schlüssel zu einem Schatz verloren hätte – wo würde man dann suchen? Sicher nicht da, wo man noch gar nicht war. Und auch nicht an jener Stelle, auf der man schon viel zu lange herumtrat. Es gibt keinen anderen Weg: Der Schritt zurück nach vorne ist die große Chance, den Glanz des Glaubens zurückzuholen in die Welt von morgen.

Meine Lektüre bestand damals fast ausschließlich aus Literatur jüdischer Schriftsteller. Werken von Stefan Zweig, Joseph Roth, Franz Werfel, der über die kleine Bernadette von Lourdes schrieb. Ich mochte die Bücher von Isaak B. Singer. Er schrieb über den Schlamassel der menschlichen Existenz und die Verwirrungen von Erotik und Liebe. Singer kam dabei nicht nur auf Dibbuks und die speziellen Dämonen seiner polnischen Heimat zu sprechen, sondern auch auf Jeschiwa-Schüler, Bethäuser, Gebetsriemen und die Pflege jüdischer Traditionen wie das Laubhüttenfest. Mir fiel auf, wie unkompliziert und modern er mit religiösen Themen umging. Die Riten seines Glaubens und die großen Fragen nach Gott selbst durchwebten jede Seite seiner Geschichten. Es hatte nie etwas Muffiges oder Hinterwäldlerisches an sich, ganz im Gegenteil. Aber es war nicht nur der unverkrampfte Umgang mit Religion, der mich an jüdischen Schriftstellern so faszinierte, es war auch ihre Religion selbst. Denn ohne die alttestamentarischen Wurzeln lässt sich Christentum gar nicht ganz verstehen.

Damals gewöhnte ich mir an, vor einer Reise immer noch mal in eine Kirche zu gehen. Jakob hatte eines Tages ein Foto von mir und meiner Frau in der Hand gehalten und dazu gesagt: »Wenn ihr einmal nicht mehr seid, dann kann ich noch immer sehen, dass du wenigstens mein Vater warst.« Vielleicht hatte mich das irritiert, jedenfalls war mein Kirchgang eine Übung gegen Unfallangst, ein Ritus, damit nichts passiert.

Die Kirche war, wie meist, leer. Zumindest von Menschen. Von draußen drang Baulärm herein, ein Geräusch von einem hydraulischen Gerät, das klang wie das Fauchen eines Ungeheuers. Es war die Zeit vor Ostern. Das Kruzifix war mit einem Tuch verhangen. Der Heiland sollte so kurz vor Karfreitag offenbar nicht mit ansehen müssen, wohin die Reise ging. Nun gut, man sitzt in einer Bank, und bald schon wird man ruhiger. Die Aufregungen schweben nach unten, wie aufgewirbelter Staub, der langsam wieder zu Boden sinkt.

Wenn ein Christ in das Gotteshaus kam, ging er zu dem Engel, der ein Gefäß mit geweihtem Wasser hielt, tauchte mehrere Finger darin ein, und bekreuzigte sich. Wer in eine Bank trat, machte zuvor eine Kniebeuge. Vor einer Marienstatue, die aussah, als verstünde die Königin des Himmels die Welt nicht mehr, zündeten Frauen Kerzen an und sprachen still ein Gebet. Inzwischen denke ich, dass Frauen, wenn sie fromm sind, noch viel schöner werden, und ich kenne einige Beispiele hierfür. Zwei ältere Männer standen seitlich vor einem Beichtstuhl und warteten darauf, dass das rote Lämpchen auf grün umschaltete und sie bald an die Reihe kämen. »Wie an einer Straßenkreuzung«, murmelte ein Tourist. Er meinte es als Spaß, aber im Grunde hatte er Recht. Es waren tatsächlich Kreuzungen. Aber die Leute, die da durchkamen, fühlten sich hinterher offenbar erleichtert.

In meinem Wohnviertel sind Schwestern aus Afrika und Asien eingezogen, die die Mission nun nach Europa zurücktragen. Prediger aus Indien geben in Bayern katholische Einkehrtage. Sie konnten es zunächst nicht fassen, dass sich in dem Land, das sie so schätzten, so wenige für Gott interessierten. Vermutlich hatte man vergessen, ihnen rechtzeitig zu sagen, dass in Europa ganze Landstriche nun Heidengebiet geworden sind, wie es früher die Länder der Dritten Welt waren. Aber stimmt es denn wirklich, überlegte ich, dass die großen Volkskirchen den Anschluss verpasst hatten, weil sie sich nicht vorbehaltlos der Moderne öffnen oder sich gar zu ihr »bekehren« wollten? Zu welcher

Moderne eigentlich? Zu einer, die Erich Fromm schon vor vierzig Jahren als »krank« diagnostiziert hatte? Ist inzwischen nicht eine Gesellschaft entstanden, die in Selbstgefälligkeit und Selbstabsolution mehr erstarrt ist, als es die Kirche jemals war? Ist denn der Tourist, der sich über den Beichtstuhl belustigte, in dem immerhin etwas gegeben wird, was man als »Sakrament der Versöhnung« bezeichnet, in dem, was er selbst tut, so viel origineller? Und sind wir alle zusammen nicht auch hochmütige Zyniker geworden, die nichts mehr zu sagen haben? Besserwisser und Skeptiker, die nichts mehr zu glauben wagen?

Die Kirche vermag es längst nicht mehr, jemandem Lasten aufzuerlegen, wie wir ihr das vorgehalten hatten. Ihr Reden ist wie ein Reden unter Wasser geworden, stumm. Ist aber nicht, seit die Religion von der Hauptbühne des Geschehens abgetreten ist und das neue Heidentum die weltanschauliche Dominanz übernahm, der Grundwasserspiegel unserer Kultur Monat für Monat weiter gesunken? Haben wir denn nicht gesehen, wie leicht die Gesellschaft der Einzelnen Gefahr läuft, ins Bodenlose abzurutschen? Die Zeitungen sind voll von Klagen über Entwurzelung, Vereinsamung, Zivilisationsverwahrlosung. Die Anzahl von Jugendlichen, die als psychisch krank eingestuft werden müssen, steigt dramatisch an. Die Verelendung scheint in der Tat einzutreten, wie Marx das prophezeit hatte, allerdings nicht aus einem materiellen, sondern aus einem geistigen Notstand heraus.

Und haben wir mit dem Abschied von Christus nicht auch eine Vision verloren, die wir für das menschliche Leben auf diesem Planeten dringender brauchen als die Hybris unserer technisch-wissenschaftlichen Eliten, die in ihren Laboratorien zur Manipulation der Schöpfung an der Herbeiführung der Apokalypse arbeiten?

Die Atmosphäre in der Kirche war friedlich und beschaulich. Am Altar richtete ein Mesner den Raum für die Messe her. Er breitete eine bestickte Decke mit den Zeichen für Alpha und Omega vor dem Tabernakel aus und schlug in den großen Büchern ganz bestimmte Seiten auf. Ich überlegte, wie lange er wohl gebraucht hatte, um sich in dem liturgischen Wissen mit all den Farben und Formen und Gewändern und Zeichen einigermaßen zurecht zu finden. Er sollte die wichtigsten Litaneien kennen, die monotonen Lieblingsgebete der geistlichen Meister. Er musste um alle die Dinge wissen, die ich vergessen hatte. Die Jungfräulichkeit Mariens, der Heilige Geist als Taube, die unterschiedlichsten Riten, Feste, Dogmen, die buchstäbliche Verwandlung von Brot und Wein – hinter all dem sollte es doch schließlich einen Sinn, eine Wahrheit geben. Konnte einem das Geflecht aus Gebeten, Geboten, Übungen und Tugenden das Geheimnis unseres Daseins näher bringen?

Wie viele Konzile mussten tagen, wie viele Gelehrte haben sich den Kopf darüber zerbrochen? Wie viele Heilige mussten diese Sprache buchstäblich durchleben, bis eine Form gefunden war, in der jeder Laut nicht nur die himmlischen Chöre vorwegnehmen konnte, wie es die Liturgie der Kirche schließlich verheißt, sondern auch genau jene Tonlage erreicht hatte, welche jene Schichten unseres Bewusstseins öffnet, die mit einer gewöhnlichen Kommunikation nicht erreichbar sind?

Nun, ich war froh, dass wir immerhin keine Freitagsgebete kennen, nach denen die Gläubigen mit Kalaschnikows auf die Straße rennen, um Blutbäder anzurichten. Ich hatte auch keine Sehnsucht danach, in einer Kaste der Unberührbaren zu landen, tausend Göttern und Quälgeistern opfern zu müssen, und dann, in diesem Jammertale, in dem ewigen Kreislauf der Unerlöstheit, ständig wiedergeboren zu werden. Ich hatte noch nicht einmal Lust auf einen selbst zusammengebastelten Glauben. Seifenkisten können ganz originell sein. Aber ein richtiges Fahrzeug, mit dem man sicher und schnell vorwärts kommt, ist auch nicht schlecht.

In dem riesigen Messbuch, das der Mesner aufgeschlagen hatte, war zu lesen: »Die Liebe ist langmütig, sie ereifert sich nicht, sie prahlt nicht, sie bläht sich nicht auf. Sie sucht nicht ihren Vorteil, lässt sich nicht zum Zorn reizen, trägt das Böse nicht nach.« Die Fürbitten für diesen Tag lauteten: »Christus, hilf den Armen gegen die Bedränger. Heile unsere Zerrissenheit.« »Heute lesen wir im Buch der Erfahrung«, mit diesen Worten hatte Bernhard von Clairvaux einst seine Bibel aufgeschlagen. »Ich glaube, damit ich erfahre«, resümierte er, denn »glauben heißt, gefunden haben.« Warum sucht hier niemand, dachte ich. Das unbekannteste Land, das es heute gibt, liegt vor unserer Haustür. In all diesen spannenden Geschichten, die völlig neu zu entdecken sind, weil wir sie lange nicht mehr gehört haben.

Mir schien plötzlich, aber vielleicht träumte ich auch, als hätten die Christen eine Reihe von Vorteilen für sich, die ich nie gesehen hatte. Sind sie nicht sinnlicher und zugleich übersinnlicher, weil sie am Unsichtbaren und an der Unendlichkeit teilzunehmen versuchen? Haben sie nicht den größeren Trost, weil sie wissen, dass ihnen die Sünden vergeben werden? Sie haben die Tradition, und zwar mit allem, was Menschen je erlebt, gelehrt, erfahren haben. Sie haben die Ehrfurcht, weil sie ein Teil der Heiligkeit sind. Sie haben heilige Worte, die ihnen Kraft geben. Sie können sich besser freuen, weil Gott ihnen alles geschenkt hat. Sie können besser entspannen, weil sie wissen, dass einem die Sorgen nicht weiterhelfen. Sie müssen nichts zu schwer nehmen, da sie den größten Teil des Lebens, das ewig ist, ja erst noch vor sich haben. Sie haben die Freiheit, weil sie sich als Wissende entscheiden können. Sie haben die große Tradition der Klöster und die Weisheit ihrer Mönche und Nonnen. Sie haben die genialsten Künstler, die schönsten Gotteshäuser. Sie haben sogar die Engel auf ihrer Seite. Sie haben die Brüderlichkeit, weil sie gleich sind und einander helfen müssen. Sie haben Seelsorger und weise Männer, die ihnen als Hirten voran gehen. Und sie haben die Frohe Botschaft, über die sie meditieren können.

Vielleicht hätte ich noch lange so sinniert, aber ich wurde abrupt unterbrochen. In diesem Moment trugen zwei Männer in blauen Arbeitskitteln eine Leiche herein. Ich war zutiefst erschrocken. Der Tote lag auf einem Brett. Es war, in Holz nachgebildet, der Leichnam Jesu Christi, den die Arbeiter hinab in die Krypta brachten, damit er nach der Osterliturgie der Kirche dort verehrt werden und am dritten Tage wieder auferstehen konnte.

Mein Job ließ mir wenig Zeit für mein neues Hobby. Wir hatten ein neues Magazin zu entwickeln und versuchten, hierfür die besten Geschichten und die richtige Form zu finden. Es war eine bemerkenswerte Redaktion. Viele hatten Familie und Kinder und verfügten über Erfahrungen aus den bedeutendsten Pressehäusern Deutschlands. Wir diskutierten sogar über Begriffe wie »Barmherzigkeit« oder »Tugend«. Chefredakteur Andreas Lebert hatte mich buchstäblich vom Fleck weg eingestellt, weil ich ihm das Thema »Beten« vorgeschlagen hatte, was er umwerfend fand. Einmal schrieb ich einen Essay zu dem Thema »Wer rettet die Kirche?«. Als ich das gedruckte Heft aufschlug, verschlug es mir allerdings die Sprache, weil irgend jemand den Titel geändert hatte. »Rettet die Kirche«, stand nun plötzlich in großen Lettern über dem Artikel.

Wenn es mir gut ging und auch, wenn es mir nicht so gut ging, machte ich manchmal auf dem Absatz kehrt und bog in ein Gotteshaus ein. Diese Besuche hatten für mich den Reiz des Außergewöhnlichen. Es war verwegen, und ich hatte gemerkt, dass es mir gut tat. Oft genug hatte ich es freilich auch versäumt, und ich machte mir Vorwürfe, was für ein vergesslicher Mistkerl ich war.

Häufig dachte ich in den Meditationen auf der Kirchenbank über den Tod nach. »Bedenke, Bruder, dass du sterben musst«, das war der haarsträubende Gruß, mit dem sich die Mönche des Trappisten-Ordens begrüßten. Die Antwort auf das Leben ist der Tod. Ja. Und ich hatte herausbekommen, dass in diesem Gedanken eine ungeheuere Kraft lag. Nicht nur die Kraft, alles zu relativieren.

Manchmal ist es nicht verkehrt, unseren so fest gewebten Vorhang aus Vorbehalten und Verdächtigungen ein wenig hochzuheben. Wer dann die Stufen hoch geht und einmal über die Schwelle steigt, erkennt eine riesige Schatzkammer. Ich kann mich allerdings auch gut daran erinnern, wie erstaunt ich anfangs war, dass man in unseren Kirchen noch immer Lieder singt, die so alt klingen, als stammten sie aus der Steinzeit. Fünfhundert Jahre alte Texte von Thomas von Aquin und Martin Luther. Wenn man die Perspektive freilich verändert hat, ist man zwar noch immer erstaunt darüber, aber nicht mehr aus Entsetzen, sondern aus Begeisterung. Anfangs empfand ich Kniebeugen und Kreuzzeichen noch als Verstoß gegen die Menschenwürde. Aber gleichzeitig schien es mir auch, als geschähe hier in diesem Raum etwas, das wie eine Lichtschranke wirkt und Dinge wirklich öffnen kann.

Einfach dasitzen. Ruhig werden und schauen. Ich mochte sehr bald das Licht und die Farben. Die Bilder und Inschriften und Symbole an den Wänden, die auf große Zusammenhänge hinwiesen. Das wunderbare Gro-ßer-Gohott-wir-lo-ho-ben-dich, die Lieder von Franz Schubert. Die Kirche bräuchte meinetwegen nichts anderes als die Werke der Barmherzigkeit und ihre göttliche Liturgie, keine Immobilien, keine Vereine, mir würde schon ihr eigentlicher Schatz vollauf genügen. Meine Tante Peppi zum Beispiel. Sie hatte Tag und Nacht wollene Unterkleider für Babys irgendwo am Äquator gestrickt. Aber sie versäumte es keinen einzigen Tag, in die Messe zu gehen. Die heiligste Handlung am heiligsten Ort der Welt, wie Guardini sagt. Sie hat nie darüber gesprochen. Heute glaube auch ich, dass ohne die Teilnahme an der eucharistischen Feier eine Annäherung an das Mysterium des Christentums überhaupt nicht möglich ist. Weil hier etwas wachsen kann. Wie eine Perle in der Muschel, die eine Schicht um die andere ansetzt und dabei immer wertvoller wird.

Inzwischen genieße ich es, mir gelegentlich ein wenig Zeit für Gott zu nehmen, während andere Leute in ihr Büro hetzen. Eine von den Nonnen in meiner Kirche trägt stets eine riesige Handtasche um den Arm. Sie geht sehr gebückt und hat eine unendlich tiefe Stimme. Wenn sie betet, klingt es, als würde ein Wolf sprechen. »Lamm Gottes … mach meine Seele gesund«, betet der Wolf. Ich glaube nicht, dass sie aus Zwang hierher kommt, oder aus einer lästigen Verpflichtung heraus. Sie macht das Kreuzzeichen, und man kann dabei sehen, das Glauben auch ein Geschenk ist. Und man sollte über das Glück derjenigen, die dieses Geschenk bekommen haben, eher staunen als es zu belächeln.

Die Wangen dieser Schwester sind eingefallen und ihre Augen wirken, als hätten sie bereits den Tod gesehen. Oft kommt sie ein wenig später, und manchmal auch sehr spät. Und ich fürchte den Tag, an dem sie gar nicht mehr kommt. Denn beim Anblick ihrer fest gefalteten, zittrigen Hände ist es völlig unmöglich, auch nur eine Sekunde lang an Gott zu zweifeln.

8

Moment bitte

Es war auf einer Reise nach Turin. Ich wollte mir einige Tage Erholung gönnen, aber es begann mit einer Katastrophe. Die Zugfahrt war grauenhaft. Das Abteil war überfüllt. Unentwegt piepsten Handys, unentwegt wurde geplappert. Mir gegenüber saß eine Italienerin, die ihren Redefluss nur deshalb anhielt, um nicht zu ersticken. Dazu der unaufhörliche Regen. Ich bekam Hunger, und ich bekam auch ein schlechtes Gewissen, weil ich mich so schäbig von Zuhause verabschiedet hatte.

Am Fenster kamen immer häufiger überschwemmte Felder und Straßen ins Bild, und bald sah man halbe Orte unter Wasser. Jemand sagte, der Zug werde mit riesiger Verspätung eintreffen, wenn man überhaupt noch bis Turin weiterfahren könne. Männer und Frauen quasselten, die Handys piepsten, und der Regen schien nie mehr wieder aufzuhören. Ich war verzweifelt und haderte mit mir selbst. Wie kann man nur auf die dumme Idee kommen, kurzerhand nach Turin zu fahren? Es war kalt, es zog, ich war seit über zehn Stunden unterwegs, und ich dachte: Was hindert dich daran, einfach loszuschreien. Ich wollte schon aufspringen, fluchen, das Abteil verlassen und sogar jemanden verprügeln. Eine Stimme in mir sagte: Halte es aus. Halte es einfach aus! Übe es!

Der Bahnhof von Turin war ein einziges Tollhaus. Ratlose Passagiere rannten hin und her. Der Regen kam bereits durch das Dach der großen Halle. Es gab Lautsprecherdurchsagen, aber ich konnte sie nicht verstehen. Fahrer hupten, sie kamen nicht vom Fleck. Der Verkehr war zusammengebrochen, und die Pfützen der Straßen spiegelten die Lichter der schleichenden Autoschlangen. Verzweifelt lief ich durch den nächtlichen Regen, um irgendwo einen Platz zum Schlafen zu finden. Ich fühlte mich entsetzlich, aber gottlob kam der Anruf meiner Frau, der mich aus meiner kleinen Hölle erlöste.

Als ich mich am anderen morgen in dem Hotel, das ich gefunden hatte, wecken ließ, war es noch stockdunkel. Es gab kein Frühstück, und der Taxifahrer fuhr mich menschenleere Straßen entlang. Es regnete immer noch. An den Haltestellen sah man zwei, drei Leute, die auf eine Straßenbahn warteten. Auf einer riesigen Treppe huschten einige Gestalten einem Portal zu. Der Taxifahrer gab Gas, als wolle er ebenfalls die Stufen hinauffahren. »Buono«, sagte er, als er die Handbremse zog, und als ich die Stiege hinaufflog und die Schwelle überschritten hatte, betrat ich eine völlig verwandelte Welt.

Draußen lag die Stadt im Dunkeln. Es war kalt und regnerisch. Hier herinnen gingen plötzlich alle Lichter an. Neun Priester und ein Bischof zogen zum Altar, um die Messe zu beginnen. Ich war überrascht und regelrecht hypnotisiert. Aber wo war das Sindone? Da! Jetzt sah ich es. Es hing ganz hinten, quer über dem Altar. Und kaum hatte ich es gesehen, strahlte das Grabtuch Christi, als wären hundert Scheinwerfer angegangen, um es zu erleuchten. Eine Inszenierung. Denn in dem selben Moment, in dem ich auch mit meinen Gedanken das Tuch erfasst hatte, setzte ein vielfaches »Gloria« aus dem Chor des gläubigen Volkes ein, dirigiert von einem alten Diakon, der von den Stufen des Altares aus zittrig mit den Armen herumfuchtelte. Wir waren eine sehr kleine Gemeinschaft, aber es war gut, unter diesen Leuten zu sein. Eine Nonne hantierte auf einem Harmonium, und in meinen Ohren klang das nicht viel schlechter als die Berliner Philharmoniker.

Auf den ersten Blick wirkt das Grabtuch von Turin nicht sonderlich dramatisch. Aber zunehmend spürt man eine gewisse Aufregung. Ich habe IHN gesehen, durchfährt es deinen Kopf. Du machst eine ganz banale und dennoch ungeheuerliche Entdeckung: Mein Gott, ja, natürlich, Christus hat gelebt. Und selbst wenn er nicht jener Mensch war, der auf diesem Tuch abgebildet ist – er hat gelebt. Das ist keine Gestalt aus dem großen Buch der Sagen und Märchen. Er war leibhaftig. Ein Mensch aus Fleisch und Blut.

Das Grabtuch erschüttert dich, weil es dir die ungeheuren Qualen vor Augen führt, die hier jemand auf sich nehmen musste. Aber seltsam, es ist gar nicht so sehr das Bild von Schmerz und Folter, das einen in Aufregung versetzt. Christus wird lebendig, das ist es. Nicht als heroische Übernatur. Christus ist ganz bloß. Wie es das Wort sagt: Er hat sich ganz gegeben. Aber er ist nicht nackt. Das Schmerzenstuch zeigt ungeheure Wunden, aber es ist kein Knäuel, kein geschändetes, blutbeflecktes Linnen, wie man das nach einem Gemetzel erwarten würde. Dieses Tuch voll Blut und Wunden ist – man erschrickt bei dem Gedanken – reines Licht.

Christus stieg herab vom Kreuz, und nun könnte er mit dir sprechen. Und zwar auf eine sehr feine, nahe Weise, wie ein Kumpel. Er sagt: »Und nun erstarre nicht vollends vor dem bisschen Tuch. Das ist bloß ein Zeichen. Ein kleines Souvenir, das ich euch hinterlassen habe. Das Leben geht weiter. Macht da mit, wo ihr gebraucht werdet.« Und dann sagte er noch: »So, mein Lieber, nun verschwinde endlich. Du hast genug gesehen. Verpass mal lieber deinen Zug nicht.«

Auf religiösem Gebiet gelten nur Erfahrungen, die man selbst gemacht hat. Alles andere ist wertlos. Vielleicht nicht wertlos, aber es hat nicht dieselbe Qualität, als ob jemand wirklich ins Wasser gesprungen ist. Niemand spricht dabei so häufig über das Außerirdische, über geheime Botschaften und Räume jenseits der Realität wie die Kirche. Unerklärliche Dinge, so heißt es, spielten sich in unserem Umfeld ab, außerordentliche Phänomene, die man nicht begreifen, sondern ab einer bestimmten Stufe nur erfahren könne. Das hat nichts mit Hokuspokus zu tun, auch wenn uns die mystischen Traditionen unseres Glaubens weitgehend fremd geworden sind.

Nach der Lehre des Christentums hat Leben neben einer biologischen die eigentlich weit bedeutsamere Schicht der Spiritualität. Letztlich sei es der Geist, der lebt und Leben ist. Er verschmelze sich mit der biologischen Existenz und gebe damit dem Dasein eine weitere Dimension. Eine zusätzliche Dimension entstehe aus der Begegnung mit Christus selbst. Das sei so ähnlich wie die Wirklichkeit der Liebe. Auch sie sei nicht selbstverständlich vorhanden, sondern könne jeweils nur aus einer Beziehung erwachsen. Das Leben des Menschen habe eben viele Stufen. Und die höchste von allen könne erst in einem Mitleben mit Gott erreicht werden, in den jeder Mensch direkt hineinreiche und den er widerspiegeln könne.

Ich hatte wenig Ahnung von diesen Dingen, aber wenn ich mich schon dafür interessierte, dann wollte ich nun nicht nur die Light-Version von Glauben kennen lernen. Priester, die sich für die Weisheiten ihrer Kirche schämen und die Kanten möglichst abschleifen, damit sich bloß niemand daran stößt, fand ich langweilig. Ihre Modernität ist so frisch wie ranzige Butter. Es ist eine Theologie, die nicht mehr brennt und niemanden anzündet. Etliche Leute schwärmten dabei von einem Christentum, das »nicht im amtskirchlichen Sinne« gemeint sei. Ich fragte mich, was das sein sollte. So eine Art »Salat der Saison«, mit Zutaten, die gerade auf dem eigenen Hinterhof wachsen? Ich suchte das Original, die Grundlagen, auch wenn sie zunächst schwer zu verstehen und zu akzeptieren sind. Ich hielt es wie Teresa von Avila. »Es genügt mir nicht«, hatte sie frech gemeint, »zu erfahren, was mein blöder Verstand versteht«. Der Glaube sei schließlich so etwas wie »ein Vorgeschmack der Erkenntnis, die uns im künftigen Leben selig machen wird.«

Ich war kein Exilant auf Pilgerreise und kein gepeinigter Poet auf der Fahrt durch das Inferno, der durch die Sphären von Bestrafung und Reinigung schließlich zur Läuterung findet, wie Dante Alighieri die spirituelle Pilgerschaft in seiner »Göttlichen Komödie« beschrieben hat. Und ich suchte auch nicht gleich das Paradies. Aber ein guter Platz zum Hinsetzen sollte es schon sein – wie in einem guten Cafe, das man mag, und in das man immer wieder geht, weil es keine falsche Musik gibt und man, während man an seiner Tasse schlürft, einen guten Blick durch ein großes Fenster hat.

Christentum ist keine Religion für Egomanen, das hatte ich inzwischen verstanden. Vermutlich ist dies auch der Grund, warum es die Religion Jesu in einer Gesellschaft von Ich-Menschen so schwer hat. Nun, ich war mehr als zwanzig Jahre weg gewesen, und als ich zurückkam, war mir zunächst aufgefallen, dass selbst die katholische Kirche genau in dem Augenblick ihre Fastengesetze gelockert hatte, als man begann, sich an die Übersättigung zu gewöhnen. Das ist so ähnlich, als würde man einem Fettkranken Schweinebraten verordnen und gleichzeitig all das, was man bisher als Heilmittel verwendete, in den Ausguss schütten.

Immerhin konnte ich feststellen, dass der Anspruch dieser Religion noch immer hoch genug war, um darin jede andere Bewegung oder Institution auf dem Planeten sichtbar zu überstrahlen. Ein Kirchenmann, der eitel ist, galt nach wie vor nicht als Heiliger. Ein Christ, der Rassismus oder Antisemitismus predigt, war noch immer kein Prophet, sondern ein elender Sünder und Verbrecher. Und es galt auch noch, was der heilige Augustinus ein für allemal als das Kriterium des Glaubens definiert hatte. Nach Christus ist danach der Mensch nicht das, was er denkt. Und er ist auch nicht das, was er isst oder anzieht. *Der Mensch ist das, sagt Augustinus, was er liebt.*

Ich war ein Kirchgänger geworden, ohne es richtig bemerkt zu haben. Das war nicht unbedingt wie eine Droge, aber wer es einmal ausprobiert hat, wird zum Wiederholungstäter. Wenn man eine bleierne Müdigkeit spürt, und ein riesiges Verlangen nach Kraft, nach Gesundheit, nach einem gewissen Gleichmut hat, warum sollte man dann interessante Einladungen in den Wind schlagen? An

Religion interessierte mich zunächst das, was sich damit ganz praktisch anfangen läßt. Dinge wie: Klarheit gewinnen, Trost finden, und lernen, die ganz einfachen Sachen so zu tun, als wären sie das Größte.

Schritt für Schritt begibt man sich in eine neue Geschichte, und alle Begegnungen, alle Zufälle, die vielen kleine Dinge am Rande, schreiben Satz für Satz an dieser Geschichte weiter. Da sind die Glocken von St. Anna, die einen so unerbittlich wachrütteln und rufen. Pater Winfried, der einen auf der Straße abfängt wie einen entlaufenen Mustang.

Wenn ich darüber nachdenke, fallen mir viele Begegnungen ein. Nicht jede davon bringt dich gleich in eine neue Bahn. Aber manchmal ist schon ein Buch wichtig, das dir jemand auf einem Weihnachtsbasar in die Hand drückt. Oder eine Reportage in Russland, wo dir eine alte Frau irgendwo in einem Kirchlein wortlos zeigt, wie man das große Kreuzzeichen über Kopf und Brust macht. Gott kommt durch Menschen zu Menschen, heißt es, immer nur durch Menschen. In einem schnell hingeworfenen Satz kann dabei chiffriert ein großer Teil deiner nächsten Zukunft stehen. Und in einer flüchtigen Episode liegt bereits der Entwurf für den ganzen Verlauf deines restlichen Lebens.

Bei der Gemeinschaft von Taizé im Burgund sah ich, dass es möglich ist, ohne organisatorische Verkrustung, ohne Geldskandale und Guru-Unwesen eine christliche Kultur zu leben, in der die Reife des Glaubens ganz zur Blüte kommt. Die Atmosphäre ist entspannt. Es gibt und es wird gegeben. Es ist reichlich vorhanden, für jeden. Es ist eine Kultur des Respekts voreinander, des guten Benehmens, des Annehmens. Bestimmte Themen gelten in dieser jugendlichen und zugleich so erwachsenen Welt als Zeitverschwendung. Und den Wert eines Menschen bemisst man hier nicht nach Nationalität, nach Status oder Geld – sondern eigentlich gar nicht, weil das nicht unsere Sache ist.

Bei den Benediktinern von Plankstetten im Altmühltal lernte ich eine Frau kennen, die mir bewusst machte, was Gottesliebe erfassen kann. Anne, eine Schottin, 48 Jahre alt, Fachärztin für Gynäkologie und Chirurgin, war mir in der Kapelle der Mönche bei den Stundengebeten aufgefallen, und beim Frühstück sprachen wir darüber, ob es »der« Butter oder »die« Butter heiße. Sie wirkte fast dürr, aber zugleich auch kräftig, und sie trug einen einfachen, glatten Baumwollrock. Als sie versuchte, mir zu erklären, warum sie die Einsamkeit einer Eremitin gewählt habe, spürte ich, dass es keine Sprache gibt, es jemandem mitzuteilen, der darin fremd ist, sondern dass man es nehmen muss wie ein Einmerkzeichen für die Bedeutung dieser Dinge; wie einen Schauer warmen Regens, der vom Himmel fällt, und in den man sich hineinstellen könnte. Anne konnte ihre Gottesliebe nicht ausdrücken. Es sei eben, meinte sie fast entschuldigend, »like magic«.

Manchmal denkt man wirklich, es habe nicht immer Sinn, sich gegen sein Schicksal zu wehren. Wie das Leben so spielt: Als mir eine große süddeutsche Zeitung den Job für Religion anbot, lehnte ich entrüstet ab. Ich hatte Angst, an das Thema gefesselt zu bleiben. Zur Strafe steht man dann kurze Zeit später hinter der Theke eines Klosterladens, den ich quasi im Vorbeigehen gegründet hatte, und verkauft Wein, Schnaps und Schuhputzmittel aus der Produktion der Nonnen und Mönche. Ich wollte nichts mehr mit Glauben zu tun haben – und plötzlich sitzt man tagelang hoch oben in der ehrwürdigen Abtei von Monte Cassino einem Kardinal gegenüber, lässt sich von ihm die Lehre des Christentums erklären, und schreibt schließlich Bücher zu Themen, die man früher nicht einmal ignoriert hätte.

Bis hierher hatte ich mich langsam vorgetastet, von Kapitel zu Kapitel. Ich war gewissermaßen ein »freier Liebhaber« der Kirche geworden, jemand, der distanziert am Rande steht und mit kritischer Sympathie ein spannendes Schauspiel verfolgt. Man kann nicht alle Dinge auf einmal tun. Man kann nicht alles sofort wissen. Und manchmal wäre es sogar falsch und verwirrend, alles sofort zu wissen.

Die Begegnung mit Joseph Kardinal Ratzinger, dem gefürchteten Präfekten der römischen Kongregation zur Reinhaltung des Glaubens, hat meine Rückkehr zur katholischen Kirche nicht eingeleitet, aber sie hat mir letztlich den Anstoß gegeben, nach den vielen kleinen Schritten gewissermaßen auch den letzten großen Schritt zu tun. Ich ahnte, dass ich mich im Laufe dieser Arbeit verändern würde. Schon die Vorbereitungen für meine Interview-Projekte mit dem Kardinal konnten nur im Kontext des Glaubens vor sich gehen, mit Gebeten und bestimmten geistlichen Übungen. Anders war die Authentizität, die ich anstrebte, gar nicht zu bekommen.

An ein frühes Treffen mit ihm kann ich mich besonders gut erinnern. Alfredo, der Chauffeur des Kardinals, fuhr uns in dem alten Mercedes der Kongregation hinaus in ein ehemaliges Jesuitenkolleg in der Nähe von Frascati. Ich hatte schlecht geschlafen in dieser Nacht. Wir wollten

Interviews führen, und ich hatte meine alte Levi's angezogen, weil ich mich darin wohl und sicher fühlte. Menschen sollten sich auf gleicher Augenhöhe begegnen können, was nichts mit Respektlosigkeit zu tun hat.

Wir saßen im Fond des Wagens, und der Kardinal sah rechts aus dem Fenster, ich sah links hinaus. An seinen langen Fingern bemerkte ich einen Ring mit einem seltsamen Vogel. Er sollte einen Phönix darstellen, ein Geschenk seines Bruders. Nur Alfredo murmelte von Zeit zu Zeit etwas auf Italienisch, das ich nicht verstehen konnte. Ganz langsam glitt die Kutsche des Kardinals an der Via Appia an einer Kirche vorbei. Es war die Quo-vadis-Stelle, an der Petrus auf Jesus getroffen war, aber damals wusste ich das nicht. Der Felsenmann wollte hier der Stadt den Rücken kehren, verständlicherweise. Die Römer waren dazu übergegangen, die Christen nicht nur zu kreuzigen, sondern sie nachts auch noch als lebende Fackeln zur Beleuchtung ihrer Straßen zu verwenden. Jesus hob die Hand. Wie ein Schutzmann. Stopp.

Auf dem Asphalt vor dem Kirchenportal lagen kleine schwarze Kränze, und als wir vorbeifuhren, konnte ich sie vom Autofenster aus fast berühren. Es war ein Bild der Trauer. Einige Leute standen unschlüssig herum, als warteten sie auf jemanden. Und ich dachte nur, mein Gott, vielleicht ist es ja wirklich so. Vielleicht schätzen wir zu wenig, was wir geschenkt bekommen haben, und vielleicht ist es ja endlich an der Zeit, etwas dafür zu tun.

Als wir im Februar 2000 von einem Montag bis zu einem Freitag in der Abtei von Monte Cassino die Gespräche für das Buch »Gott und die Welt« führten, hatten uns die Söhne Benedikts außerordentlich liebenswürdig empfangen. Wir feierten gemeinsam Konventamt und beteten die Stundengebete. In der Messe legte einem der Abt die hauchdünne Hostie auf die Zunge, und es gab einen Schluck Wein dazu, der köstlich schmeckte. Die Mönche verpflegten uns mit guter italienischer Hausmannskost, und nachmittags wurde Tee und Gebäck gereicht. Im Refektorium saß der Kardinal an einem winzigen Ehrentisch. Es wurde nicht gesprochen, wie das im Kloster Sitte ist. Nur am Feiertag der heiligen Scholastika, der in unsere Zeit fiel, wurde eine Ausnahme gemacht. Es gab Festbraten und dicke Kuchen und der Kardinal musste zur Feier des Tages sogar ein winziges Glas Sekt trinken, was ihm sofort zu Kopf stieg.

Der Abt hatte listigerweise die Gelegenheit genutzt, den hohen Besuch als Zelebrant der feierliche Messe zu verpflichten. Ratzinger wusste nichts davon. »Haben Sie es schon gesehen«, fragte er mich ein wenig entgeistert. Ja, sagte ich, denn sein Name stand groß auf Plakaten, die hier oben im Kloster und unten im Ort Cassino aufgehängt waren. Schließlich ließ er sich ein Neues Testament und ein Missale in seine Zelle kommen, studierte darin, und hielt in der Basilika eine Predigt auf italienisch, die das vorwiegend bäuerliche Publikum so in Bann zog, dass man buchstäblich die berühmte Nadel hätte fallen hören.

Im Kloster war man hoch oben, manchmal sogar über den Wolken. Aus der Ferne hörte man das gedämpfte Läuten von Kuhglocken, aber auch den Lärm der Welt, der als dumpfes Rumoren der Autobahn zu uns herauf drang. Der Kardinal hatte Angst vor der Kälte gehabt, aber das Problem war das Heizgebläse, das nicht nur heftig dröhnte, sondern unsere Zelle, in der wir das Interview führten, gelegentlich in eine Sauna verwandelte. Wir saßen uns dabei an einem kleinen Tisch gegenüber, ich präparierte meine Tonbandgeräte, der Kirchenfürst hatte die Füße übereinander geschlagen und wartete geduldig auf meine Fragen, um seine Antwort dann meist mit einem langgezogenen »Jaaaa« einzuleiten.

Wir haben niemals über unsere Arbeit gesprochen. Selbst während der Sitzungen nicht, wo man sich gewöhnlich darüber austauscht, ob es denn gut oder weniger gut läuft. Manchmal wirkte er streng, sah einen mit gesenktem Kopf von unten an. Häufig ging sein Blick ins Leere oder auf einen unsichtbaren Punkt am Boden. Es ist seine Art, sich auf den Geist zu konzentrieren, und ich kenne niemanden, der so gut zuhören kann – um schließlich mit einer unnachahmlichen Präzision und Anschaulichkeit Fragen zu beantworten, die im Grunde kaum zu beantworten sind. Er schöpfte sich ganz aus. Und bevor ein Gespräch in Geplauder und leeres Gerede abflachte, machte er einen Punkt.

Aus den Gesprächen in Monte Cassino entstand am Ende ein Tonbandprotokoll von dreiunddreißig Stunden Länge. Ich war beeindruckt davon, wie stimmig Ratzingers Welt- und Gottesbild ist. Er gibt nicht auf alle Fragen eine Antwort. Vieles an diesem Gott ist ihm selbst ein Rätsel geblieben. In ihrer inhaltlichen Präzision und Schlichtheit jedoch, und vor allem in der zwingenden Logik, fassen seine Antworten auf faszinierende Weise den gewaltigen Schatz des christlichen Erbes zusammen und beurteilen zutreffend, aus dem spezifisch katholischen Denken heraus, die Situation der Moderne. Man muss nicht mit allem, was er sagt, einverstanden sein, aber ich glaube, wenn man über viele Monate hinweg Texte studiert und bearbeitet, dann spürt man auch, ob etwas falsch ist oder nicht. Man spürt, ob es aufgesetzt, eitel, ungereimt ist – oder ernsthaft und echt, durchdrungen von einem Geist, der nicht nur einer intellektuellen Gelehrtheit entstammt, sondern auch einem Leben, das sich aus dem Glauben an Christus heraus um Wahrhaftigkeit bemüht.

In der Auseinandersetzung mit dem Glauben gab es wichtige Begegnungen, die mir Stück für Stück etwas von der geheimnisvollen Welt des Christentums gezeigt hatten. Der eigentliche Beweggrund für meine Rückkehr zur Religion jedoch waren meine Kinder. Sie waren als Heiden groß geworden, aber eines Morgens erschrak ich darüber. »Sie werden nichts wissen vom Berg Sinai«, rief ich meiner Frau verzweifelt zu, »und bei der Frage nach den Seligpreisungen werden sie nur müde mit dem Kopf wackeln. Sie werden unsere Kultur noch nicht einmal annähernd kennen gelernt haben. Über was soll ich später mit ihnen reden, und welcher Schwachsinn wird dieses geistige Vakuum einmal füllen, das hier zweifellos Tag für Tag größer wird?«

Vielleicht habe ich meinen Kindern, so überlegte ich, ja nicht nur Zeit zum Spielen und Fürsorge und Liebe vorenthalten, sondern ihnen auch etwas ganz anderes nicht gegeben: eine gewisse Strenge, Konsequenz und Führung. Unsere Kinder sollten zumindest die Freiheit haben, auch einmal wieder, wenn sie das wollten, aus der Kirche austreten zu können. Ein paradoxer Grund. Aber um etwas beurteilen zu können, muss man es schließlich erst einmal kennen lernen, und ich hatte das Verlangen, ihnen etwas mitzugeben. Eine Art Vorrat, aus dem sie später würden schöpfen können.

Manche Eltern geben ihre Kinder an der Pforte der Kirche ab wie bei einem Serviceunternehmen. Sakramente betrachten sie nicht als etwas, das man sich erwerben muß, sondern das man auf Verlangen kaufen kann, wie eine Halskette oder einen Ablassschein. Ich begann einfach, meine Kinder zu begleiten. Ich erklärte ihnen, sie bräuchten eben nicht nur Training für ihre Muskeln oder das Wissen aus der Schule. Es gebe auch so etwas wie eine geistliche Ausbildung. Denkt an das Vierte Gebot, sagte ich meinen Jungs, auch wenn sie darüber genauso den Kopf schüttelten, wie ich es meinen Eltern gegenüber getan hatte.

Vor einiger Zeit machte ich mit meinem Sohn Jakob einen Ausflug zu den Mönchen von Einsiedeln in der Schweiz. Die Wiesen und Felder waren von Schnee überzogen, und auf der Autobahn überholten wir einen Freund, der mit seinem Leihwagen nicht recht vorwärts kam.

Als wir abends im Kloster eintrafen, gab man uns ein schönes Zimmer. Es hatte einen Holzboden, zwei wuchtige Betten mit schweren Daunendecken, leicht angeschlagene barocke Möbel und zwei kleine Fenster, von denen aus man auf den Weihnachtsmarkt blicken konnte, der im Schein der Laternen wunderbar glitzerte. Die Mönche luden uns ein, mit ihnen zu essen, und morgens ganz früh waren wir mit ihnen im Chor und nahmen im Halbdunkel ihrer wunderschönen Kirche an der Eucharistie teil. Jakob war sehr aufgeregt, und vor Aufregung getraute er sich nicht, vom Messwein zu trinken.

Über heiligen Orten liegt häufig ein ganz eigenartiger Glanz, so als habe das Göttliche hier den Boden berührt. Die gesamte Schöpfung, behaupteten die Patres,

Sonne, Mond und Sterne, die Lüfte, Bäche und Meere, alles Lebendige, sei in ihrem Haus eingefangen worden, in der Fülle an Harmonie und Wohlgefühl.

Ich mochte die Mönche. Ich mochte diese Einfachheit des Lebens. Einfach essen, einfache Bedürfnisse haben, einfache Dinge tun. Manchmal frage ich mich, woher sie die Kraft nahmen, diesen Kontinent mit seiner einmaligen Zivilisation aufzubauen. Bleibe empfänglich für die kleinen Dinge des Lebens, sagten sie. Mein Gott, man getraut sich solche Sätze kaum noch hinzuschreiben. Sie klingen in unseren Ohren seltsam überholt. Ich mochte ihr Zeremoniell, mit dem sie ihr Leben, jeden Tag, sehr bewusst erleben können. Ihr Bemühen, aufeinander zuzugehen, sich gegenseitig ernst zu nehmen, sich ertragen zu lernen, beständig zu bleiben. Und auch: sich selbst zu akzeptieren, zu erkennen, wer und wie man war, um daraus Nutzen und Freude zu ziehen. Ich mochte erst recht ihre Spiritualität, die Möglichkeit, in die Geheimnisse des Glaubens einzudringen, die seit Jahrtausenden von Generation zu Generation weitergegeben werden. Frei zu werden, von Angst und Sorge, um sich wie ein Blinder an der Hand seines Vertrauten ganz auf eine Führung einzulassen.

An unserem ersten Abend im Kloster fragte mich Jakob, warum Jesus eigentlich erschienen sei. Was sollte ich sagen? Ich bin kein Rabbi. Ich stotterte herum, und dann erzählte ich einfach davon, dass mit Christus das Erbarmen und die Liebe in die Welt gekommen seien. Die Barmherzigkeit. Die Hochachtung des Kleinen, des Geringen. Das Ende der Sklaverei, die Freiheit und die Gleichheit vor Gott. Christen gehen nicht in das Gotteshaus, meinte ich, weil es dort Wein umsonst gibt, sondern weil sich Gott selbst gezeigt hat. Nicht als Geist oder Wirbelwind, sondern in einem Menschen. Ich sagte, Gott ist wie Christus und Christus ist wie Gott. Und Jesus habe in etwa so gesprochen: »Moment bitte, jetzt alle mal herhören. Es gibt hier etwas zu sagen. Anscheinend ist manches an der göttlichen Botschaft bisher nicht so genau verstanden worden, deshalb noch einmal, zum Mitschreiben für alle: Die Antwort ist schon gegeben. Es gibt eine Lösung. Hört auf mit eurem Unsinn. Hört auf mit eurer alten Zorn- und Rachegesellschaft. Hört auf mit Siegen und Bekriegen. Hört auf mit Hochmut und Selbstbetrug, mit eurem lächerlichen: Wir sind nun selbst sooooooo groß wie Gott! Ihr könnt nicht einmal einen Schnupfen heilen und wollt die ganze Welt in Ordnung bringen? Ja, beginnt etwas Neues. Macht etwas Vernünftiges. Und es reicht schon, ganz klein zu beginnen: bei sich selbst.«

Ich war ins Reden gekommen und sagte, es gebe sogar ganz logische Beweise für diesen Gott. Denn wenn wir davon ausgehen, dass die Liebe die einzige Erfüllung des Menschen ist, dann folgt daraus, dass es auch einen Gott der Liebe geben muss. Denn ohne die Liebe eines Schöpfers würde diese Welt nur eine Welt von Einsamkeit und Verzweiflung sein.

Jakob war längst eingeschlafen, und ich weiß nicht, wie lange er mir überhaupt zugehört hatte. Heute denke ich, es geht darum, Dinge wieder in die geistliche Nahrungskette unserer Zivilisation einzubringen, ohne die wir eigentlich verhungern und verdursten müssen. Es geht um unseren Alltag und Sonntag zu Hause. Um das, was wir denken, was wir tun, wie unsere Kinder reden und was sie mit ihrer Zeit anfangen.

Als wir wieder in München waren, machte ich mit den Jungs einen Spaziergang durch die Stadt. Frischer Schnee lag auf den Dächern und auf den Bäumen. In den Schaufenstern sah man Geschenke und Engelsfiguren, manchmal sogar ganze Christbäume. Die Menschen blickten sich freundlich an, nickten sich zu, und niemand begann zu pöbeln oder sich schlecht zu benehmen oder einen anderen zu verletzen. Es klingt vielleicht kitschig, aber vermutlich war das, was wir gerade erlebten, so etwas wie Friede auf Erden und Liebe unter den Menschen. Es war völlig unspektakulär – aber keine Sekunde langweilig.

Man spürte, wie schön und erfüllend Leben sein kann. Und ich dachte, vielleicht haben wir den halben Teil des Universums schon aufgegeben, aber wer hindert uns eigentlich daran, ihn wieder zurückzugewinnen.

9
Letzte Schritte

Mein letzter Tag auf der Insel. Ich habe den Federhalter weggelegt, den Collegeblock geschlossen, und dann nahm ich mir einen Roller. Als ich die Küstenstraßen entlang fuhr, spürte ich den Wind in meinen Haaren. Manchmal blieb ich stehen, blickte über die Buchten, weit hinüber zum Festland, und nahm mir etwas von der abendlichen Stimmung der Landschaft mit.

An einem kleinen Strand irgendwo ganz versteckt waren noch einige der Sonnenschirme aufgespannt. Ich warf mich in den Sand, und am liebsten hätte ich nichts anderes getan, als stundenlang aufs Meer zu schauen. Ich legte die Hände hinter den Kopf und genoss die Stille und das beruhigende Rauschen der Wellen.

Aus der Kirche auszutreten, war nicht ganz einfach. Einzutreten aber ist noch viel schwieriger. Da ist ein riesiger Ozean, in den man plötzlich hineinspringen soll, und wer kennt schon einen Ozean. Ich hatte Angst, mich vielleicht verirrt zu haben. Möglicherweise war ich einer Illusion, einem romantischen Traum aufgesessen. Warum nicht? Oft genug hat da jemand die eine Fahne weggeworfen und noch im selben Schritt gleich die nächste wieder aufgehoben. Wer weiß schon so genau, was er tut und warum er es tut?

Ich hatte Angst, eines Morgens erschreckt aufzuwachen und mich, nackt und hilflos, auf einer Seite zu finden, auf der ich im Grunde nie und nimmer stehen wollte. Ich hatte Angst, mich zu überheben, es nicht zu packen. Angst, meine Distanz zu verlieren, die Position des stillen Beobachters. Aber hauptsächlich, glaube ich, war es die Angst, mich möglicherweise ändern zu müssen.

Christentum ist, sobald man die theoretische Ebene verlässt, leider auch verflixt anstrengend. Vielleicht können Christen Dinge sehen, die man gemeinhin nicht sieht. Verirrungen und Abgründe einer Gesellschaft zum Beispiel, Moden, die nicht halten. Sie würden nie und nimmer auf die Idee kommen, bloßes Leistungsdenken und Erfolgsstreben wäre etwas, was man bereits als »positives Denken« bezeichnen könnte. »Bleib gelassen«, sagen sie in ihrem grenzenlosen Gottvertrauen, »nimm dich nicht so wichtig«. Andererseits haben Christen, wenn man's ernst nimmt, gewisse Dinge einzuhalten. Und meistens fällt es schon schwer, von den 1440 Minuten eines Tages auch nur zehn abzugeben für Stille, für ein einziges Wort Gottes, auch wenn das einen miesen Tag komplett retten könnte.

Ich mochte es immer mehr, in die Kirche zu gehen. Ich mochte es in der Art, wie man in eine gute Bar geht, wo einen niemand so richtig kennt, nur der schlampige Kellner, mit dem man nicht viel spricht. Es hätte ewig so weitergehen können. War es nicht auch ein großes Theater? Eine wundervolle Inszenierung?

Aber ich wusste auch, dass ich in dieser Geschichte ab sofort keinen Schritt mehr weiter käme. Meine Zeit war abgelaufen, das Probe-Abo wurde nicht verlängert. Du bekommst es nicht, wusste ich. Du stehst immer wieder vor dieser fantastischen und geheimnisvollen Nebelwand, aber du wirst nie sehen, was dahinter ist. Du kannst es nicht hören, und du kannst es nicht verstehen. Okay, wenn du dich damit begnügen willst, meinetwegen. Aber bekommen kannst du es nur, wenn du es richtig versuchst. Nicht zehnmal, nicht tausendmal, sondern vielleicht zehntausendmal und noch viel mehr. Schwierige Dinge erfordern eben Wiederholung. Damit Sperren weich werden und sich öffnen lassen. Damit aus Unverständnis Kenntnis wird und aus Distanz Teilhabe.

»Wer versucht, bloßer Beschauer zu sein, erfährt nichts«, hatte der Kardinal einmal gemeint. Auch »die Wirklichkeit ›Gott‹« könne nur für denjenigen in den Blick kommen, »der in das Experiment mit Gott eintritt.« Was kannst du schon verlieren?, sprach eine Stimme in mir. Warum probierst du es nicht einfach aus? Himmel, es ist die Volkskirche! Keine Sekte. Und erst recht kein fieser Anlagefonds. Ich musste an den Witz von dem Bauern denken, der Gott inständig um einen Lottogewinn anflehte. Immer wieder. Und immer wieder vergeblich. Bis es Gott zu dumm wurde. Er schob ein paar Wolken zur Seite, legte die Hände an seinen Mund und rief zu dem armen Mann hinunter: »Verdammt, dann kauf dir doch endlich ein Ticket.« Kauf dir ein Ticket, dachte ich. Und wenn da nichts ist, mein Gott, dann hast du zumindest nichts kaputt gemacht und niemanden beschädigt.

Es war an einem 27. Dezember. Die Luft war kalt und klar. Frischer, fester Schnee glitzerte in der Sonne, als ich den Weg zum Klostergarten einschlug, an dem das Pfarrbüro von St. Anna liegt. Ich entsinne mich nicht genau, an was ich gedacht habe. Jedenfalls empfand ich eine angenehme und feierliche Stimmung. Anspannung und Gelöstheit zugleich. So wie man sich fühlt, wenn man irgendeine Auszeichnung, ein Zertifikat oder so etwas bekommt hat. Du gehst da hin, und du weißt mit hundertprozentiger Sicherheit, dass genau ab diesem Moment vieles anders sein wird.

Es ist wie auf einem Bahnhof, wenn man von dem einen Zug in einen anderen umgestiegen ist. Man schließt die Tür, und man blickt durch das Fenster noch einmal zurück, während sich die Waggons schon in Bewegung setzen. Ein melancholisches und warmes Gefühl steigt in dir hoch, von den Füßen, die Beine entlang, über den Bauch, die Brust. Man wird ein wenig linkisch und verlegen dabei, wie ein Schulkind. Ich suchte Haltung zu bewahren und ich versuchte auch, mir jede der folgenden Minuten und Sekunden bewusst zu machen und sie, soweit das ging, voll auszukosten.

Der Vorgang des Wiedereintritts heißt im Sprachgebrauch der Kirche »Rekonziliation«. Das Geheimnis daran ist, nicht das Trennende, sondern das Verbindende zu suchen. Und als ich mit meinem Franziskanerpater über einer Bibel das Apostolische Glaubensbekenntnis gesprochen hatte, tranken wir, gestärkt vom Geist der Frömmigkeit und der Weisheit, einen Enzianschnaps, der sich plötzlich in einem Schrank gefunden hatte, und stießen auf den Herrgott an. Weil wir dachten, dass er das von uns erwarten würde.

Es war ein langer Weg bis hierher, und es hätte hundert weitere Jahre gedauert, alle Fragen auf meiner Liste zu beantworten. Christentum ist kein abgeschlossenes System, in dem sich nichts mehr ereignen könnte. Niemand kann sagen, wir wüssten nun bereits alles. Oder es sei uns bereits alles gegeben worden. Monat für Monat tauchen irgendwo an einem x-beliebigen Punkt der Welt neue Dinge auf, die die Offenbarung ergänzen oder sie zumindest in einem neuen Licht zeigen. Gewiss, es gibt auch eine Reihe ernsthafter Argumente *gegen* diese Religion und gegen diese Kirche. Ihre Gegner werden nicht müde, sie herunterzubeten. Die Kreuzzüge. Die Hexenverbrennung. Die Kolonialisten. Eine lange Liste. Eines muss uns bis zum Erscheinen des Jüngsten Gerichts tatsächlich tief beschämen: Fünfundneunzig Prozent der Deutschen waren in der Zeit des Nationalsozialismus nominell Mitglied einer christlichen Kirche. Wo waren diejenigen, die einmal versprochen hatten, das Böse zu meiden und das Gute zu tun, diese Grundmaxime des Christentums?

Ich hatte viele Jahre die Irrungen und Wirren dieser Glaubensgemeinschaft mit wachen Augen beobachtet. Und am Ende verstand ich auch, warum Priester in ihren Fürbitten immer wieder flehen, das Volk Gottes möge nicht daran verzweifeln, dass es auch in der Kirche so viel Falsches gibt. »Herr, schau nicht auf unsere Sünden«, rufen sie verzweifelt zum Himmel.

Es gibt, trotz alledem, aber auch nach zweitausend Jahren – gerade nach zweitausend Jahren – nicht nur Gründe gegen, sondern auch Gründe für diese Kirche. Nennen wir den Verwegensten zuerst: Er liegt für mich in den kühnen Leben und dem gelebten Glauben ihrer Heiligen, in der Kraft, mit der sie über den Tod hinaus Menschen helfen können. Ich liebe ihre Wunder, und ich habe selbst einige davon erlebt. Zugegeben sehr kleine. Ein anderer Grund liegt in den Millionen von engagierten christlichen Priestern, Laien und Ordensleuten, die Schulsysteme, Krankenwesen und ganze Landwirtschaften aufbauten, weil sie Jesus' Gebot, den Nächsten zu lieben wie sich selbst, ernst nahmen. Einer der besten Gründe für diese Kirche allerdings, der jeden Rahmen sprengt, steht noch immer ganz oben in jener Kuppel des Petersdomes, der Michelangelo die Form einer Laterne gegeben hat: »Du bist Petrus«, heißt es hier, »und auf diesen Felsen werde ich meine Kirche bauen, und die Mächte der Unterwelt werden sie nicht überwältigen.«

Warum Christus das so arrangiert hat, wissen wir nicht. Er verspricht seiner Kirche ja auch nicht Macht und Reichtum. Er sagt nicht, dass sie nicht verfolgt werden würde und keine Opfer bringen müsse. Dass sie nicht kleiner werden könnte. Aber er sagt eben, mit der ganzen Autorität des Wortes Gottes, er werde diese Kirche, seine Stiftung, niemals untergehen lassen, bis Omega nicht, trotz aller Sünden und menschlichen Schwächen.

Kirche geht nicht nach den Befindlichkeiten der Zeit oder den Vorteilen der jeweils herrschenden Ansager. Sie setzt noch immer intuitives Denken gegen die Überbetonung der Vernunft, Kontemplation gegen die Vergöttlichung des Leistungsgedankens. Sie ist und bleibt die Kraft, den Götzen zu widerstehen. Den trügerischen Warenkörben, die rings um uns aufgestellt sind. Den Scheinbildern der Simulation, die so verführerisch locken. Und ihr Ja zum Leben ist dabei so entschieden, dass uns manchmal davor graut.

Es ist eben doch eine Frage der Lehre, welche Normen und Regeln eine Religion vermittelt. Ob sie über die richtigen Maximen und die nötige Weisheit verfügt, die die Welt besser und die Gesellschaft menschlicher machen können. Niemals zu Nationalismus und Krieg aufrufen. Niemals Rassenhass predigen. Niemals für die Unterdrückung der einen durch die anderen sein. Niemals Terror unterstützen, und wenn es Konsumterror wäre. Kirche darf nicht zustimmen, wenn wir mit den Policen von Aidskranken Handel treiben und auf deren baldigen Tod spekulieren; wenn wir Organe verelendeter Menschen aus den ärmsten Ländern importieren oder unserer Oma Sterbehilfe leisten, weil sie ohnehin alt und die Erbschaft ganz reizvoll ist. Sie wird nicht zustimmen, dass Frauen oder Männer ihre Kinder nach Geschmacksmustern bestellen und die Embryos wegwerfen, wenn das Ergebnis nicht passt. Sie wird auch nicht zustimmen, wenn Kapitalgesellschaften aus dem Leben in Pflanzen, Tieren oder Menschen Patente machen, um sie profitmaximierend an der Börse zu verhökern.

Romano Guardini hat den Sinn von Kirche einmal so ausgedrückt: »Sie muss den Menschen die letzten Wahrheiten, das endgültige Bild der Vollkommenheit, die tiefsten Richtlinien der Wertung unverrückbar entgegenhalten und darf sich durch keine Leidenschaft, durch keine Schwankung des Gefühls, durch keine Kniffe der Selbstsucht irre machen lassen.« Ein gigantischer Anspruch. So hoch, dass man es sich leisten kann, letztlich dann doch die noch Größeren, nämlich die Einfachen, die Demütigen, die Gütigen zur Ehre der Altäre zu erheben – und Heilige zu offiziellen Lehrern zu erklären, die nicht gerade durch Schulbildung glänzten. Wie die jüngste von ihnen, Therese von Lisieux, die sich vor allen Dingen auch »selbst ertragen« wollte, »mit meinen zahllosen Unvollkommenheiten«.

vgl. S. 38-41

Ich will niemanden beleidigen, und ich habe Respekt vor anderen Überzeugungen. Nicht jeder gute Gedanke kommt aus dem Christentum, und nicht nur Christen haben eine humane Gesinnung. Aber was die Erscheinung von Kirchen anbetrifft, glaube ich, dass die katholische Kirche, wie es ihr Name zum Ausdruck bringt, noch immer die eine, allgemeine und gültige ist, die von Christus ursprünglich in Auftrag gegeben wurde, um die Botschaft Gottes in die ganze Welt zu tragen. Letztlich bin ich nirgendwo anders zurückgekehrt als in eine Kirche, von der ich mit absoluter Sicherheit weiß, dass sie niemals etwas anderes verkünden darf als die Botschaft Jesu selbst – auch wenn man sie stets daran erinnern muss.

Viele meiner Freunde vermissen am Christentum nicht nur Weisheitslehren und brauchbare Lebensphilosophie, sondern auch eine Spiritualität, die die Tiefe unserer Seele anspricht. Ich vermute allerdings, sie haben die Angebote der eigenen Tradition ganz einfach nur unterschätzt und missachtet, so dass sie sie vergessen haben.

Die Kirche selbst ist daran nicht schuldlos. Übungen, die über Jahrhunderte den Menschen geholfen hatten, sich selbst zu finden, wurden einer verstaubten Frömmigkeit zugeschrieben und abgelegt. Prächtiges Mobiliar und Gemälde des Ewigen flog in hohem Bogen aus den Gotteshäusern, wie wertloses Gerümpel. Die Heiligen musterte man aus, und die Schar der Engel schien es schließlich von selbst vorzuziehen, aus der Kirche auszutreten – um eines Tages in den Zirkeln des New Age wieder aufzutauchen, plötzlich ganz en vogue. Die großen Meister aus den Klöstern des Abendlandes, die die Kunst des Lebens und die Geheimnisse des Geistes lehren, gerieten in Vergessenheit. Sie konnten eben nicht so flott durch die Luft wirbeln wie die Mönche der Shaolin. Aber dass die Fortgeschrittensten unter ihnen den höchsten Grad der Vollkommenheit erreicht und die anderen in ihrer Einfachheit immerhin viele Stufen der Demut durchschritten haben, um, wenn schon nicht erleuchtet, dann zumindest liebevolle, gütige Zeitgenossen zu sein, sollte sich allmählich wieder herumsprechen. Wohlgemerkt: Wir sprechen hier nicht von den Ideen eines einzelnen Schamanen, sondern von einer Weltanschauung, die über Jahrhunderte erprobt und gelebt wurde und einmal den Kodex dieses Kontinents bestimmte.

Frömmigkeit ist nicht nur eine besondere Art des Denkens. Es geht hier gleichfalls um das Einüben einer Haltung, die unsere sinnliche Wahrnehmung erweitert. Was mich betrifft, so war ich sehr überrascht von den Möglichkeiten des Betens, der Meditation, oder zum Beispiel auch von der wohltuenden Wirkung einer eucharistischen Anbetung, die es vermag, Schmutz und Unrat und sogar Sorgen, die man im Kopf herumträgt, regelrecht wegzubrennen. Bei einem Besuch in Rom ließ ich mich auf die, wie mir damals schien, ganz abseitige Handlung der Beichte ein. Ich war in meinem Gran Cafe gewesen, hatte einen Espresso getrunken und einen Grappa und schlenderte durch die Gassen. Im Petersdom waren in einem bühnenförmigen Bogen einige Beichtstühle angebracht. Einer der Wächter ließ mich durch die Absperrung, und ich entschloss mich, aus einer plötzlichen Laune heraus, es einfach auszuprobieren. So wie man auf dem Volksfest einen Dreierlooping ausprobiert. Ich stellte mich in einiger Entfernung vor dem Kasten auf und wartete, bis die junge

Frau vor mir mit ihrer Geschichte fertig war. Sie kniete in der halboffenen Kabine, sie schien endlos zu reden und dann auch wieder zuzuhören, aber plötzlich konnte man sehen, wie Ströme von Tränen über ihre Wangen liefen.

Ich war unangenehm berührt von dieser Szene, blickte angestrengt auf irgendwelche Statuen, und wollte mich schon davonstehlen, als mich der Beichtvater aus seiner Kabine heraus zu sich holte. Ich sah nur einen ausgestreckten Arm, eine Hand, und einen Finger, der sich auf und ab bewegte. Es gab kein Entrinnen mehr, und ich ließ mich auf das Verfahren, das mir lächerlich erschien, ein. Kurz und gut: Der Priester stellte mir einige Fragen, am Ende aber gab er mir, mit grummelnden polnischen Akzent, einen Rat. Dieser Rat hörte sich an, als sei er von einem Autisten, wie aus einer anderen Sprache, einer anderen Welt gekommen – und er traf dennoch genau so, wie ein Pfeil einen winzig kleinen Punkt auf einer winzig kleinen Zielscheibe trifft.

Am Glauben ist alles seltsam, und es ist schwer, ihn auszudrücken. Manchmal bemühen wir Paradoxe, um uns über die Unzulänglichkeiten unseres Verstandes ein wenig hinwegzuhelfen. Christus – zugleich ganz Gott und ganz Mensch. Maria – zugleich Jungfrau und Mutter. Schwer zu begreifen. Auch wenn der Dichter Dürrenmatt einmal meinte, im Paradox erscheine »die Wirklichkeit«. Im Laufe meiner Auseinandersetzung hatte ich jedoch den Eindruck gewonnen, dass es der Kirche letztlich doch gelingt, uns mit ihrem ganzheitlichen Entwurf die Gesetzmäßigkeiten des Alls und unserer persönlichen Existenz im Großen der Schöpfung verständlich zu machen.

Ich möchte weder glorifizieren noch jemanden ermüden. Und ich rede auch nicht davon, dass Kirche überall so ist, wie sie eigentlich sein soll. Schon die Kirche in Prag, wo Bischöfe sich jahrzehntelang im Untergrund als Fensterputzer durchbringen mussten, ist etwas anderes als die Kirche in München. Und die Kirche in Mainz ist anders als die in China, Iran oder Saudi Arabien, wo jedes christliche Bekenntnis noch immer gebrochene Arme und Beine oder eine andere Kreuzigung zur Folge haben kann. Aber wenn man sich mit einem Wiedereintritt in diese Urgemeinschaft befasst, lernt man doch auch ein wenig über dieses Gebilde zu staunen. Über ihre Sinnlichkeit etwa, über die unterschiedlichste Kreativität, die in diesem Baum voller Äste ihren Platz findet. Es gibt wunderbare Nischen. Aber immer spielt man auch im großen Hause, und oft sogar mit dem ganzen Ensemble.

Die katholische Kirche verbindet Lehre und Tradition, Überlieferung und Fortschritt, Geist und Gemüt, Leib und Seele, Physik und Metaphysik, Sinn und Sinnlichkeit. Das Sowohl-als-auch kennzeichnet ihr Wesen besser als das Entweder-oder, was nichts mit Beliebigkeit zu tun hat. Die Katholiken haben von anderen gelernt und damit an ihrem Gebäude mutig weitergebaut. Kirche ist eben nie gleich, auch wenn sie manchmal auf der Stelle zu treten scheint. Vielleicht bin ich sentimental und romantisch und obendrein ein wenig unbescheiden, aber es gefällt mir, dass da eben, im Sinne der Fülle der Schöpfung, nahezu verschwenderisch ausgegossen ist, was man so haben kann: Sakramente, die in ihrem Kern die innere Logik des Lebens verkörpern; die Verehrung Mariens, der ersten und einzigen Person überhaupt – natürlich eine Frau! – die zu dem wurde, was Menschen eigentlich sind; verwegene Denker, die es vermögen, das Göttliche in Worte zu kleiden; Märtyrer, die für andere ein Opfer gaben; mystische Orte, die wie ein Netz aus Nervenbahnen die ganze Welt umspannen und sie mit Impulsen versorgen; ein heiliger Stuhl für den Statthalter Christi, den man freundlicherweise als »Knecht der Knechte Gottes« bezeichnet, ein Symbol der einen, ewigen und unfehlbaren Wahrheit, die über der Erde liegt. Und diese Kirche hat vor allem eines: das leuchtende Herz ihrer Liturgie, jenes eucharistische Opfer am Altar, das in dieser Form unmittelbar von Christus eingesetzt wurde und dessen Mysterium bis heute niemand erklären und bis morgen niemand abschaffen kann.

Kirche ist nicht als eine Organisation von Leuten gemeint, die sich an einen Tisch setzen, um bei einem Schlemmermenü Pfründe zu verteilen. Wenn etwas gefeiert wird, dann ist es der Sieg der Liebe über den Tod. Und dass das Christentum überhaupt das Image des Gewöhnlichen, Gesättigten und Bequemen bekommen konnte, zeigt immer nur den Grad seiner jeweiligen Abweichung vom Ursprung. Die Verfehlungen von Priestern demonstrieren nichts anderes als die Verfallserscheinungen jenes Teiles der beauftragten Hirten Gottes, die die Züge der profanen Welt angenommen haben.

Es war das Verhängnis der kommunistischen Systeme, dass sie den Menschen zur Masse degradierten, zu einem manipulierbaren Individuum in der Hand einer selbstgerechten Kaste. Die Würde der Person kam darin nicht mehr vor. Im Christentum dagegen ist die Würde schon deshalb unantastbar, weil sie von Gott kommt. Und im Gegensatz zu den Ideen der Volksrepubliken ist hier die wichtigste aller Regeln noch immer diejenige von der Ausnahme von der Regel, begründet in der Liebe, ohne die jegliche Ordnung Gefahr liefe, zu einem rein ideologischen, unmenschlichen Konstrukt zu verkommen.

Es klingt banal, aber vielleicht sollte man gelegentlich an zwei Dinge erinnern. Erstens: Kirche ist kein zufälliges historisches Produkt, jedenfalls nicht nach eigenem Selbstverständnis. Sie basiert nicht auf Fantastereien oder Seelenmüll, sondern auf der durch Christus verbürgten Offenbarung Gottes. Sie ist »Ecclesia«, die Herausgerufene, die dem Herrn gehörende. Und nur deshalb, weil sie SEINE Kirche ist, quasi die Hüterin der Quellcodes, erhebt sie Anspruch auf Wahrheit und versucht, die Überlieferung rein zu halten. Zweitens: Kirche ist zu nichts anderem da, als das zu tun, was Christus als das »Gesetz der Gesetze« beschrieben hat, nämlich Gottes- und Nächstenliebe zu üben. Sie ist das Heilsversprechen Gottes. Und das ist nicht zu überbieten.

Zwischen Gott und Kirche zu trennen fand ich immer unlogisch. Außer man entscheidet sich für so etwas wie: Leib ohne Seele, Liebe ohne Gefühle, Sonntag ohne Messe, Christus ohne Leiden. Mit Echtheit hat das dann genauso viel Ähnlichkeit wie es die gefälschten Uhren und Klamotten, die man im Sommer an Touristen verkauft, mit ihrem jeweiligen Original haben. Ich habe mir meinen Gott nicht erfunden. Ich habe ihn nur »entdeckt«, und diese Entdeckung ist nicht zu trennen von Kirche. Es ist ihr Gottesbild, das ich übernommen habe. Es sind ihre Bilder, Schriften, Visionen, Gedanken. Es ist das, was diese Gemeinschaft in zweitausend Jahren erfahren, aufgezeichnet und überliefert hat. Es ist ihre Spiritualität, ihre Liturgie, ihre Taufe. Es sind ihre Gotteshäuser und Pilgerwege. Es ist ihre Mystik. Es sind ihre Litaneien und Gebete. Es ist ihre Kontemplation – all dies ist es und noch viel mehr, das einem hilft, wie mit einem guten Fahrzeug überhaupt so weit zu kommen, dass man in der Nähe Gottes ist.

Man kann über die Kirche streiten. Man kann auch mit Gott streiten. Und manchmal muss das wirklich sein. Ein Katholik hat ein kritisches Bewusstsein, wie es der Geist der Unterscheidung verlangt, aber er ist auch gehorsam, weil er selbst nicht immer so ganz genau weiß, was für ihn das Beste ist. Nobody is perfect. Ein Katholik ist einfach jemand, der *alles* haben will, die Ganzheit des Glaubens, mit allem, was dazu gehört. Der den Papst respektiert, weil er die Einheit des Glaubens verkörpert. Der sich nicht zu fein ist für fromme Bräuche. Der die Sakramente achtet und die Gottesdienste ernst nimmt. Natürlich, Katholizismus ist eine paradoxe Angelegenheit. Gleichzeitig streng – und gleichzeitig frei. Geheimnis des Glaubens eben. Allerdings ist ein guter Katholik schon deshalb kein verlogener Moralapostel oder ein prüder Knochen, weil er weiß, das er vermutlich nicht zu jeder Zeit alle Gebote erfüllen kann – was ihn niemals daran hindern wird, es immer wieder zu versuchen.

Vielleicht muss man als Außenstehender erst ein wenig von der großartigen »Freiheit des Christenmenschen« wissen, von der Paulus gesprochen hat, um Christentum und die Kirche verstehen zu können. Ein Wort von Jacques Loew sollte hier nicht vergessen werden, weil es zeigt, um was es geht. Loew war Anwalt. Er trat in den Dominikanerorden ein und wurde Arbeiterpriester. »Ich brauchte einige Zeit, um Gott zu bejahen«, meinte der Franzose später einmal, »zu entdecken, dass er existiert. Um aber die Kirche zu ›schlucken‹, brauchte ich sechs Monate. Hierzu musste ich erst erfassen, dass sich der Weg und die Wirklichkeit Jesu in der Kirche fortsetzen. Durch sie lebt, spricht, handelt Jesus, als ob er in Jerusalem leben, sprechen und handeln würde.« Jacques Loew: »Dies ist es, was mir geholfen hat, den katholischen Glauben zu entdecken und anzunehmen.«

Vermutlich geht Glauben lernen nicht so viel anders als gehen lernen. Und vielleicht hat Jesus nur deshalb so viele Fußabdrücke hinterlassen, an der Via Appia und im Heiligen Land, weil er zeigen wollte, dass es ein langer Weg ist, der immer nur Schritt für Schritt vorwärts geht. Step by step, so wie man auch tanzen lernt.

Mit meinen Flirts und Umkreisungen auf dem Weg zurück zu Gott und Kirche jedenfalls war es am Ende dann nicht viel anders als bei einer großen Liebe. Hier zählt nur Hoffnung oder Zerknirschung, Glaube oder Finsternis – die oder keine. Und mich interessierte dabei weniger die Kirche von unten oder die von oben, sondern immer nur die von IHM. Ihr Platz ist seit zwei Jahrtausenden definiert und darf nicht verlassen werden. Er ist immer nur da, wo das Kreuz ist. Ein Kreuz nur. Aber unter seinem Stamm verbirgt sich, gar nicht mal so tief, nichts anderes als das Geheimnis der Welt.

Das Leben geht weiter. Ich schlafe noch genau so schlecht wie früher, und es fällt mir auch heute noch ungeheuer schwer, meine Wünsche zu zügeln und nicht zu ihrem Gefangenen zu werden. Viele Fragen sind geblieben. Manche peinigen mich, von anderen habe ich erkannt, dass sie es nicht wert sind, sich mit ihnen abzugeben. Aber ich habe auch begonnen, einen anderen Blickwinkel zu gewinnen, und ich versuche, die Errungenschaften der Religion nicht nur als selbstverständlich hinzunehmen. Weil ich weiß, dass wir sie künftig genauso verteidigen müssen wie Demokratie und Frieden.

Mein Verständnis von den Dingen des Glaubens ist ziemlich naiv geworden, und ich kann nicht ausschließen, dass es noch naiver wird. Wichtig ist, eine Mitte finden, die aus dem Glauben weder etwas Fanatisches noch etwas allzu Gewöhnliches macht. Man muss ein wenig Vertrauen mitbringen. Besser gesagt: ganz viel Vertrauen. Man muss Dankbarkeit mitbringen, um etwas auch schätzen zu lernen. Man braucht die Bereitschaft, hinzuhören auf ein Wort, ein Zeichen, auf Fügungen, auf die Hilfe von anderen, ohne die es nicht geht. Letztlich braucht es vor allem Gleichmut und Gelassenheit. Wie das Sprichwort sagt: Engel können nur deshalb fliegen, weil sie nichts zu schwer nehmen.

Was wird in dieser Welt demnächst passieren? Niemand kann es voraussehen. Was passiert, wenn uns weiterhin die Pole wegschmelzen? Wenn wir das Tempo des ungezügelten zivilisatorischen Prozesses nicht verringern können und insgesamt mehr Leben zerstören, als wir gleichzeitig zeugen und pflegen? Viele haben kapituliert. Sie sehen keine andere Möglichkeit, als ihr bisschen Leben, wie sie es empfinden, möglichst erfolgreich und luxuriös über die Runden zu bringen.

Als Jesus sich von seinen Jüngern verabschiedete, zeigte er ein weiteres Mal die göttliche Dimension seiner Botschaft, die das allzu Menschliche, alles Enge und Begrenzte mit einer einzigen Handbewegung wegzuwischen vermag. Er hatte versprochen, ihnen seinen Geist dazulassen. Und er hatte versprochen, irgendwann einmal zurückzukommen. Sie bräuchten keine Angst mehr zu haben. Der Geist werde ihnen alles geben und sagen. Aber er meinte auch, sie sollten hinausgehen. »Und verkündet das Evangelium allen *Geschöpfen*«, hatte Jesus gesprochen. Und die Weise, *wie* er es sagte, ließ Menschen wie Franz von Assisi oder den heiligen Antonius von Padua endlich die Weite dieser Schöpfung wieder so sehen, dass sie Sonnengesänge anstimmten, Blumen bestaunten und sogar Vögeln und Fischen predigten.

Es ist spät geworden. Die Badegäste rollen ihre Handtücher ein und trotten langsam davon. Ich liege in der Abendsonne, und meine Finger haben ganz von selbst angefangen, irgend etwas in den Sand zu schreiben, »step by step«. Und statt eines roten Sternes liegt nun ein Meeresstern auf meinem Bild. Und morgen werde ich wieder zu Hause sein. Man nimmt ein Flugzeug und ist wieder dort, wo man war. Man ist erleichtert, dass alles gut gegangen ist, dass man ein wenig Farbe mitgebracht hat. Aber die Sehnsucht nach dem ganz Anderen bleibt.

Ich war noch einmal im Wasser. Ich holte ganz tief Luft und tauchte, und dann schwamm ich in weiten Zügen hinaus aufs Meer.

Monika Winter erzählt sehr persönlich und bewegend ihre Umkehr. Sie zeigt wie die göttliche Barmherzigkeit ihr einen Weg aus der Sinnlosigkeit gewiesen hat hinein in ein Leben des Glaubens.

Taschenbuch, 64 Seiten, 3,95 Euro
ISBN 978-3-939684-19-0